생태 돋보기로
다시 읽는
탈무드

랍비 아저씨와 생태학 박사들의 지혜로운 대화!
정보 제공 및 내용 감수에 참여한 국립생태원 연구원

강재연(생태기반연구실)　　**김수환**(생태보전연구실)
박영준(융합연구실)　　　　**박희복**(생태보전연구실)
우동걸(생태보전연구실)　　**유승화**(생태평가연구실)
윤주덕(생태평가연구실)　　**장민호**(생태평가연구실)
천광일(생태지식문화부)

생태 돋보기로 다시 읽는 탈무드

발행일 2018년 7월 2일 초판 1쇄 발행

엮음 국립생태원
그림 최현묵, 김영곤, 유승범, 김경수, 조시내
발행인 김정규
편집책임 김웅식 | **편집** 양경진 | **본문구성·진행** 아이핑크
디자인 파피루스 | **사진** Shutterstock, 국립생태원(박희복, 유승화, 장민호, 천광일), 문화재청
발행처 국립생태원 출판부 | **신고번호** 제458-2015-000002호(2015년 7월 17일)
주소 충남 서천군 마서면 금강로 1210 / www.nie.re.kr
문의 041-950-5999 / press@nie.re.kr

ⓒ 국립생태원 National Institute of Ecology
ISBN 979-11-88154-84-5
　　　979-11-86197-38-7(세트)

※ 이 책에 실린 모든 글과 그림을 저작권자의 허락 없이 무단으로 사용하거나
　 복사하여 배포하는 것은 저작권을 침해하는 것입니다.

⚠ **주의** 다칠 우려가 있습니다. 본 도서를 던지거나 떨어뜨리지 않도록 주의하십시오.
　　　　고온 다습한 장소나 직사광선이 닿는 장소에는 보관을 피해 주십시오.

생태 돋보기로 다시 읽는 탈무드

국립생태원 엮음 | 최현묵 외 그림

국립생태원
NIE PRESS

생각과 마음이 자라는
랍비 아저씨의 이야기를 들어 보렴!

《탈무드》는 아주 오래전부터 유대인의 역사와 전통, 철학, 율법이 담겨 있는 유대인들의 삶의 지침서였어. 유대인 중에는 노벨상을 타거나 세계적으로도 유명한 사람들이 많은데, 어릴 때부터 책을 가까이 하고 토론을 즐기던 유대인들의 교육법은 지금까지도 전 세계에서 주목받고 있지. 그 교육의 바탕에는 바로 《탈무드》가 있단다. 《탈무드》에 실린 이야기들은 약 천 년 동안 유대인들의 입에서 입으로 전해져 내려오던 이야기들을 나중에 모아 책으로 펴낸 것이야. 그런데 랍비가 어떤 사람이냐고? 쉽게 말해, 유대인들에게 랍비는 '존경받는 선생님', 또는 '현명한 어르신' 정도의 의미로 생각하면 돼.

《탈무드》는 유대인의 율법과 신앙뿐 아니라 사람들이 살아가는 세상의 이치 등 많은 가르침을 담고 있는데, 이 가르침들은 문화, 언어, 정서가 다른 나라 사람들에게도 통하는 내용들이기 때문에 오늘날까지도 종교와 상관없이 세계의 많은 사람들에게 널리 읽히고 있단다. 《탈무드》에는 지혜와 교훈이 담겨 있는 이야기뿐 아니라 재치와 유머가 넘치는 이야기들도 많아. 또 동물들이 주인공이 된 우화도 많이 있지. 반대로 어린이 친구들이 이해하기 어려운 내용들도 있는데, 이 책에서는 최대한 친구들이 쉽게 읽을 수 있고 한 번 더 생각해 볼 수 있는 이야기들을 골라 고쳐 썼단다.

생각할 거리가 가득한 《탈무드》 속 이야기들과 함께 그 안에 등장하는 당나귀, 거미, 나무, 독수리, 족제비 등 많은 동식물의 이야기도 함께 만나 볼까?

어린이들에게 지혜로운 이야기를 들려주고 싶은,
랍비 아저씨가

탈무드 이야기 속 생태 궁금증은 하늬 박사가 풀어 줄게!

랍비 아저씨가 소개한 것처럼 《탈무드》에는 시간과 공간을 뛰어넘는 지혜로운 이야기들이 가득 실려 있어. 그래서 이 하늬 박사도 어릴 때 동화책처럼 즐겨 읽었던 책이란다. 그중 배고픈 여우가 울타리가 쳐진 포도밭에 들어가기 위해서 쫄쫄 굶어 배를 홀쭉하게 만든 다음, 간신히 포도밭에 들어가 포도를 실컷 먹고 배가 불러서 다시 쫄쫄 굶어 배를 홀쭉하게 만들어서 울타리 밖으로 나온 이야기에서는 깔깔거리며 웃었던 기억이 나. 또 마법 망원경, 마법 양탄자, 마법 사과를 가진 삼 형제가 공주의 병을 고친 이야기에서 마법 사과를 가진 셋째가 공주와 결혼을 하게 된 이야기는 한참을 생각했었지. 모두 중요한 일을 했는데 왜 셋째가 공주와 결혼을 했을까? 셋째는 자신에게 하나밖에 없는 소중한 것을 공주에게 주었기 때문이야.

이렇게 《탈무드》 속에는 많은 깨달음뿐 아니라, 재치가 넘치는 이야기가 가득해서 어른이 된 지금도 가끔씩 꺼내 읽는 책이란다. 《안데르센 동화》나 《그림 형제 동화》에 많은 동식물이 등장했던 것처럼 《탈무드》의 짧은 이야기 속에도 많은 동식물이 등장해. 포도를 먹으려고 애쓰던 여우는 사실 어떤 먹이를 즐겨 먹을까? 마법의 사과처럼 많은 사람들에게 마법과 같은 역할을 하는 소중한 과일은 무엇일까?

이번에는 《탈무드》 속에 등장하는 많은 동식물에 대한 궁금증을 이 하늬 박사와 함께 속시원하게 해결해 보자꾸나!

국립생태원 연구원
하늬 박사가

차례

머리말 6

다시 읽는 탈무드 01 | 다이아몬드의 진짜 주인 12
하느 박사의 생태 이야기 | 당나귀는 말과 다른 동물이라고? 14

다시 읽는 탈무드 02 | 새털 같은 말 16
하느 박사의 생태 이야기 | 새의 깃털은 한번 나면 빠지지 않을까? 20

다시 읽는 탈무드 03 | 개가 우유를 마신 이유 22
하느 박사의 생태 이야기 | 독사의 독이 퍼진 우유를 마시면 위험할까? 24

다시 읽는 탈무드 04 | 가장 잘 아는 일 26
하느 박사의 생태 이야기 | 송어가 강 위로 뛰어오르는 이유는? 30

다시 읽는 탈무드 05 | 삼 형제와 마법 사과 32
하느 박사의 생태 이야기 | 사과처럼 세계 곳곳에서 나는 귀한 과일은? 34

다시 읽는 탈무드 06 | 누가 더 높을까? 36
하느 박사의 생태 이야기 | 여왕개미는 왜 하늘을 날까? 38

다시 읽는 탈무드 07 | 진정한 행복 40
하느 박사의 생태 이야기 | 산양을 집에서 키울 수 있을까? 42

다시 읽는 탈무드 08 | 중요한 말 한마디 44
하느 박사의 생태 이야기 | 사람은 언제부터 동물의 젖을 먹기 시작했을까? 48

다시 읽는 탈무드 09 | 막을 수 없는 사랑 50
하느 박사의 생태 이야기 | 세상에서 가장 힘이 센 새는? 52

다시 읽는 탈무드 10 | 나무 심는 노인 54
하느 박사의 생태 이야기 | 캐럽 나무 열매는 어디에 쓰일까? 56

다시 읽는 탈무드 11 | 세상에서 가장 쓸모없는 것 58
하늬 박사의 생태 이야기 | 동굴에는 어떤 동물이 살고 있을까? 60

다시 읽는 탈무드 12 | 불행 중 다행 62
하늬 박사의 생태 이야기 | 나귀와 개는 사람을 이롭게 한다고? 64

다시 읽는 탈무드 13 | 닭에게 내린 판결 66
하늬 박사의 생태 이야기 | 닭은 모두 사나울까? 68

다시 읽는 탈무드 14 | 나무에게 전하는 말 70
하늬 박사의 생태 이야기 | 사막 한가운데 있는 나무는 무엇일까? 72

다시 읽는 탈무드 15 | 도둑을 잡은 왕의 지혜 74
하늬 박사의 생태 이야기 | 결혼하기 위해서 선물을 하는 곤충이 있다고? 78

다시 읽는 탈무드 16 | 우물 앞의 약속 80
하늬 박사의 생태 이야기 | 족제비는 정말 사람을 물까? 84

다시 읽는 탈무드 17 | 사막 위의 희망 86
하늬 박사의 생태 이야기 | 독수리가 무덤 위를 맴도는 이유는? 88

다시 읽는 탈무드 18 | 긴 시간의 일과 짧은 시간의 일 90
하늬 박사의 생태 이야기 | 토마토는 과일일까, 채소일까? 94

다시 읽는 탈무드 19 | 좋은 영향을 주는 사람 96
하늬 박사의 생태 이야기 | 수컷보다 암컷이 더 강한 동물은? 98

다시 읽는 탈무드 20 | 족제비에게 얻은 교훈 100
하늬 박사의 생태 이야기 | 동물들이 먹이를 저장하는 이유는? 102

다시 읽는 탈무드 21 | 병아리의 부화 **104**
하늬 박사의 생태 이야기 | 어미 새가 품지 않아도 부화되는 알이 있을까? **106**

다시 읽는 탈무드 22 | 달라지는 혀의 가치 **108**
하늬 박사의 생태 이야기 | 동물들의 혀도 제각각이라고? **110**

다시 읽는 탈무드 23 | 둘이면 할 수 있는 일 **112**
하늬 박사의 생태 이야기 | 키가 가장 큰 나무는? **114**

다시 읽는 탈무드 24 | 모기와 미치광이 **116**
하늬 박사의 생태 이야기 | 세상에서 가장 무서운 동물이 모기라고? **120**

다시 읽는 탈무드 25 | 입이 하나인 이유 **122**
하늬 박사의 생태 이야기 | 입이 큰 동물은 누가 있을까? **124**

다시 읽는 탈무드 26 | 양 무리 속의 염소 **126**
하늬 박사의 생태 이야기 | 자연 속에서만 살아가는 양이 있다고? **128**

다시 읽는 탈무드 27 | 상처를 주지 않는 입 **130**
하늬 박사의 생태 이야기 | 뱀은 왜 먹이를 통째로 삼킬까? **132**

다시 읽는 탈무드 28 | 두 사람의 굴뚝 청소 **134**
하늬 박사의 생태 이야기 | 세상에서 가장 지저분한 동물은? **136**

다시 읽는 탈무드 29 | 갈대 묶음의 힘 **138**
하늬 박사의 생태 이야기 | 갈대는 어떤 식물일까? **140**

다시 읽는 탈무드 30 | 다른 사람을 위한 등불 **142**
하늬 박사의 생태 이야기 | 앞을 보지 못해도 잘 살아가는 동물은? **144**

다시 읽는 탈무드 31 | 은빛 여우와 황색 여우 146
하느 박사의 생태 이야기 | 은빛 여우와 황색 여우는 어떻게 다를까? 148

다시 읽는 탈무드 32 | 힘센 자와 지혜로운 자 150
하느 박사의 생태 이야기 | 덩치는 작아도 강한 힘을 지닌 동물이 있다고? 152

다시 읽는 탈무드 33 | 잡초가 하는 일 154
하느 박사의 생태 이야기 | 잡초도 쓸모가 많다고? 156

다시 읽는 탈무드 34 | 못생긴 그릇에 담긴 지혜 158
하느 박사의 생태 이야기 | 가장 못생긴 동물은 누구일까? 162

다시 읽는 탈무드 35 | 준비하는 삶 164
하느 박사의 생태 이야기 | 추운 겨울을 잘 대비하는 동물은? 166

다시 읽는 탈무드 36 | 여우와 포도밭 168
하느 박사의 생태 이야기 | 여우가 무덤가를 맴도는 이유는? 170

다시 읽는 탈무드 37 | 머리가 되고 싶은 꼬리 172
하느 박사의 생태 이야기 | 뱀은 왜 앞으로만 기어갈까? 174

다시 읽는 탈무드 38 | 아름다운 섬 176
하느 박사의 생태 이야기 | 섬에 사는 동식물은 누가 있을까? 180

다시 읽는 탈무드 39 | 울퉁불퉁한 길 182
하느 박사의 생태 이야기 | 효도하는 동물이 있을까? 184

다시 읽는 탈무드 40 | 웃음을 주는 사람 186
하느 박사의 생태 이야기 | 동물들은 어떻게 감정 표현을 할까? 188

찾아보기 190

다이아몬드의 진짜 주인

　　산에서 나무를 해다 시장에 팔아 살아가는 나무꾼이 있었어. 그런데 산에서 시장까지는 거리가 너무 멀어서 시간도 오래 걸리고 나무를 실어 나르기가 매우 힘들었지.
어느 날 시장에 간 나무꾼은 당나귀를 한 마리 샀어.
'당나귀가 있으면 산이랑 시장을 오가기도 좋고, 나무를 실을 수 있으니 훨씬 편할 거야.'
나무꾼은 흐뭇한 마음으로 당나귀를 냇가로 데려가 깨끗이 씻겼어.
"툭!"
갑자기 당나귀의 갈기에서 뭔가 떨어졌어.

자세히 보니 아주 커다란 다이아몬드였지.

나무꾼은 다이아몬드를 들고 당나귀를 팔았던 상인에게 갔어.

"당나귀 갈기에서 나온 다이아몬드를 돌려주러 왔습니다."

상인은 잠시 생각에 잠기더니 말했어.

"당나귀는 이미 당신이 사 갔습니다. 이 다이아몬드는 당신이 산 당나귀에 붙어 있던 것이니, 나에게 돌려주지 않아도 됩니다."

그러자 나무꾼이 다시 말했지.

"나는 당나귀를 산 것이지, 이 다이아몬드를 산 것이 아닙니다. 그러니 내가 산 당나귀만 갖는 것이 맞습니다."

**만약 나무꾼의 입장이라면 어떻게 했을 것 같니?
그리고 그렇게 생각한 이유는 무엇이니?**

당나귀는 말과 다른 동물이라고?

당나귀가 말보다 험한 곳도 잘 걸을 수 있나요?

▼ 몸과 다리가 길쭉한 말(왼쪽)에 비해 당나귀(오른쪽)는 몸이 동글동글한 편이야.

당나귀 갈기에서 다이아몬드가 나왔다니, 어떻게 된 일일까? 나무꾼이 당나귀를 사기 전에 누군가 다이아몬드를 가지고 당나귀를 타고 가다가 다이아몬드를 흘려서 갈기 속으로 빠진 것일까? 어쨌든 이야기 속의 나무꾼이 나무나 짐을 싣거나 타고 다니기 위해 당나귀를 샀던 것처럼, 당나귀는 먼 옛날부터 사람에게 큰 도움을 주던 동물인 것만은 확실해.

당나귀는 몸집이 아주 크지는 않지만, 어떤 환경에서도 적응을 잘하는 동물이야. 게다가 힘이 세고 몸도 튼튼한 데다가 온순하기까지 해서 사람에게는 아주 친숙한 동물이지. 그런데 얼핏 보면 당나귀는 우리에게 더 익숙한 동물인 말과 많이 닮았어. 어떤 친구들은 당나귀와 말을 잘 구분하지 못할지도 몰라.

말과 당나귀는 둘 다 말과에 속하는 동물이야. 그리고 사람들에게 편리하게 이용되어 왔다는 점도 같지. 하지만 찬찬히 따져 보면 당나귀는 말과 다른 점이 아주 많단다.

당나귀는 말에 비해 몸집이 작은 편이야. 당나귀의 대표적인 장점은 힘이 센 것이라면, 말은 빠르고 날렵하다는 것이 대표적인 장점일 거야. 빠르고 날렵한

◀ 말(왼쪽)의 갈기에 비해 당나귀(오른쪽) 갈기는 짧아.

특성에 어울리게 말의 다리와 몸은 길게 쭉 뻗어 있고 뒷다리는 튼튼한 근육질이며, 얼굴은 길쭉하고 날렵하지. 말에 비해 당나귀는 다리가 짧고 몸이 동글동글한 편이야. 또 당나귀는 말보다 머리랑 귀가 큰 편이지. 당나귀와 말 모두에게 있는 갈기도 말에 비하면 당나귀는 짧은 편이야.

말이나 소 같은 동물은 물을 많이 먹어야 하지만, 당나귀는 물을 많이 먹지 않아도 되고 질병에도 강해. 그리고 당나귀가 말보다 빨리 자란단다. 하나하나 살펴보니 당나귀와 말은 확실히 다른 동물이라는 것을 알 수 있겠지?

당나귀는 말보다 굽이 작은 편이지만, 훨씬 단단해서 바위가 많은 험한 곳도 잘 걸을 수 있어요.

당나귀와 말 사이에서 태어난 동물

당나귀와 말을 닮은 동물이 또 있어. 바로 '노새'야.
어떻게 보면 노새는 당나귀랑 닮은 것도 같고, 말이랑 닮은 것 같기도 할 거야. 사실 노새는 암컷 말과 수컷 당나귀 사이에서 태어난 새끼란다.
노새의 큰 몸집은 말을 닮았고, 생긴 모습이나 성질은 당나귀를 많이 닮아서, 체력이 아주 좋고 척박한 환경에도 잘 적응한단다.

▲ 노새의 모습이야.

새털 같은 말

 한 마을에 수다쟁이 여인이 있었어. 여인은 말만 많은 게 아니라 허풍과 거짓말도 심해서 마을 사람들을 곤란하게 하기도 했어. 그래서 마을 사람들 누구도 여인을 좋아하지 않았지. 보다 못한 마을의 큰 어른이 마을 사람들을 불러 자초지종을 물었어. 사람들은 너도나도 불만 가득한 표정으로 말했지.

 "그 여자에게 속은 게 한두 번이 아니라니까요. 작은 개미를 보고도 코끼리를 봤다고 할 정도로 허풍이 심하거든요."

 "글쎄, 제가 하루 종일 일도 안 하고 게으르다고 소문을 내고 다니질 않나, 지저분하다고 소문 내질 않나 정말 어이가 없다니까요."

"저한테는 어떻게 했는지 아세요? 항상 제 앞에서는 '호호, 어쩜 부인은 이렇게 주름 하나 없이 아름다우세요? 10년은 젊어 보인다니까요. 아무도 제 나이로 안 볼걸요?'라고 호들갑 떨며 얘기해 놓고는 마을 사람들한테는 제가 나이에 맞지도 않게 꾸미고 다닌다고 욕을 했더라니까요."

마을 어른은 말 없이 사람들 이야기를 듣고는, 며칠 후 수다쟁이 여인을 불러 물었지.

"자네는 왜 마을 사람들에 대해 이런저런 사실과 다른 말들을 하고 다니는 건가? 사람들 불만이 아주 많다네."

수다쟁이 여인은 아무렇지 않다는 듯 코웃음 치며 말했어.

"호호, 제가 말이 좀 많은 건 사실이에요. 하지만 사람들을 재미 있게 해 주려고 사실보다 조금 덧붙이거나 꾸며서 말할 뿐이죠."

마을 어른은 곰곰이 생각하더니 수다쟁이 여인에게 커다란 자루를 내밀며 말했어.

"이 자루를 마을의 가장 큰길 한가운데까지 가지고 가게. 거기서 자루를 열어 자루 안에 있는 것을 길 위에 하나씩 꺼내 놓으면서 집까지 가게. 그리고 집까지 가면 꺼내 놓았던 것을 다시 자루에 담으면서 마을 큰길까지 가게나."

수다쟁이 여인은 자루를 들고 마을 큰길로 갔어. 자루 안에는 새털이 하나 가득 들어 있었지. 여인은 어른의 말대로 길바닥에 새털을 하나씩 내려놓으며 집까지 걸어갔어. 그리고 다시 새털을 하나씩 주으며 큰길까지 가려고 했지. 그런데 집까지 걸어오며 길에 내려놨던 새털은 바람에 여기저기 흩어져 날아다니고 있는 거야.

여인은 어른에게 가서 말했어.

"어르신, 새털이 바람에 날아가서, 자루에 거의 담지를 못했어요."

그러자 마을 어른이 말했지.

"자네가 하고 다닌 말들은 그 자루 속에 들어 있던 새털과 같다네. 말이란 한번 입 밖으로 나오면 도로 주워 담기가 어려운 법이지."

수다쟁이 여인의 얼굴은 금세 벌겋게 달아올랐어.

그날 이후 여인은 다시는 말을 함부로 하고 다니지 않았단다.

평소에 무심코 내뱉은 말들이 다른 사람에게 어떤 영향을 끼칠지 생각해 보렴.

하니 박사의 생태 이야기

새의 깃털은 한번 나면 빠지지 않을까?

▲ 새의 깃털은 새의 종류에 따라 모양과 색깔 모두 제각각이야.

수다쟁이 여인이 길에 내려놓았던 새의 깃털이 금세 바람에 모두 날아가 버려서 다시 주울 수 없던 것처럼, 실제로도 새의 깃털은 아주 가벼워.

새마다 깃털의 색깔이나 생긴 모양이 조금씩 다르긴 해도, 깃털이 새에게 아주 중요한 역할을 한다는 것만큼은 모든 새에게 해당되는 사실이지. 금세 바람에 날릴 만큼 가벼운 깃털이지만, 새가 쉽게 하늘 높이 날 수 있는 것은 깃털 덕분이니까 말이야.

새는 몸 부위별로 다른 종류의 깃털이 나는데, 깃털마다 각각 다른 역할을 해. 새의 머리와 몸에 난 깃털은 하늘을 날 때 공기의 저항을 적게 해 준단다. 날개에 난 깃털은 하늘을 향해 힘 있게 날아오를 수 있게 해 주고, 꼬리에 난 깃털은 하늘 위에서 멈춰 있거나 방향을 바꿀 수 있도록 해 주지. 그리고 배와 등에 난 깃털은 새의 몸을 따뜻하게 보온해 주는 역할을 해.

건강한 새의 깃털은 어떻게 항상 반들반들 윤이 나나요?

그렇다면, 새의 몸에 난 깃털은 절대로 빠지지 않을까? 만약 새의 깃털이 빠지지 않는다면 이야기 속의 마을 어른은 새의 깃털을 어떻게 모았을까?

사실 새들은 주기적으로 털갈이를 해. 새마다 털갈이를 하는 주기나 횟수가 다르긴 하지만, 대부분의 건강한 새들은 알에서 깨어나 둥지를 떠날 때쯤까지 자라나면 털갈이를 한단다. 그리고 해마다 자연스럽게 털갈이를 하지.

새의 깃털을 보면 새가 얼마나 건강한지를 알 수도 있어. 건강한 새는 깃털이 매끈매끈 윤기가 나. 새의 털이 헝클어지거나 자연스러운 털갈이가 이루어지지 않는다면 새의 건강에 문제가 생긴 것일 수도 있으니 잘 살펴봐야 한단다.

> 새는 항문 분비샘에서 분비되는 기름을 부리로 깃털에 발라 더러움을 막고 기생충 같은 것을 없애지요.

자기 깃털을 뽑는 새

새에게 날개가 없고 깃털이 없다면 하늘을 날 수가 없어. 그만큼 중요하기 때문에 새들은 목욕을 한 후 자기의 깃털을 가지런히 다듬어. 그리고 특별한 경우가 아닌 이상, 스스로 자신의 깃털을 뽑지는 않는단다. 하지만 더러 앵무새와 같은 새들은 자기 깃털을 뽑기도 해. 한창 자라는 시기의 새는 먹이를 먹고 싶어 자신의 털을 뽑기도 하고, 특히 집에서 키우는 새장 속의 새는 짝이 없거나 제대로 목욕을 하지 못하거나 하는 등의 스트레스를 받으면 스스로 몸의 깃털을 뽑기도 한다고 해. 만약 집에서 새를 키운다면 이런 현상이 일어나지 않도록 잘 보살펴야겠지?

▲ 새장 안에 있는 애완용 앵무새야.

개가 우유를 마신 이유

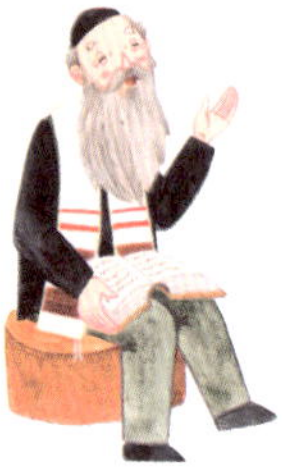

개 한 마리와 함께 사는 가족이 있었어. 개는 매우 영리한 데다가 사람을 아주 잘 따라서 가족 모두 개를 귀여워했지.

어느 날 부엌으로 뱀 한 마리가 스르륵 들어와서는 우유가 담긴 병 속으로 들어갔어. 뱀은 독사였기 때문에 우유 속에는 순식간에 독이 퍼지고 말았지. 마침 개만 이 모든 상황을 지켜보고 있었어. 그런데 아무것도 모르는 가족의 엄마가 우유를 따라서 아이에게 먹이려고 하는 거야.

"멍멍! 멍멍멍멍!"

개는 엄마 주변에서 이리저리 날뛰며 무섭게 짖었어.

"아니, 얘가 갑자기 왜 이래?"

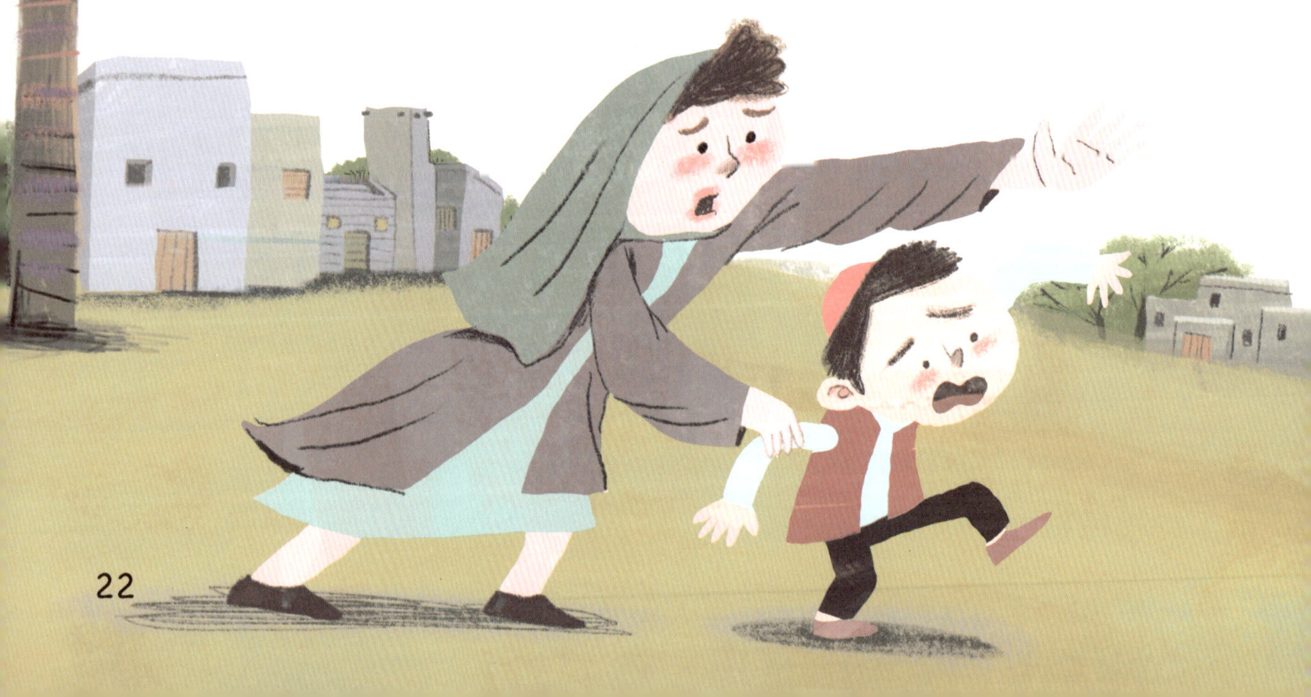

엄마는 이상하게 생각했지만, 무슨 까닭인지도 모른 채 아이에게 우유를 먹이려고 했지.

"쨍그랑!"

개가 갑자기 달려들어 우유 잔을 깨뜨리고는 바닥에 엎어진 우유를 핥아먹기 시작했어. 그리고 잠시 후 개는 힘없이 축 늘어졌어. 깜짝 놀란 가족들이 살펴보니 개는 죽어 있었지.

"우유 속에 독이 들어 있었던 거야? 우리가 못 마시게 하려던 거였는데, 우린 그것도 모르고……. 흑흑."

그제야 가족은 개가 무섭게 짖어댄 이유를 알고는 슬퍼했단다.

자기를 희생해서라도 가족을 지키려는 개의 모습이 정말 놀랍지?
말 못하는 동물이라 해도 사람에 대한 신의로 감동을 주는 경우가 있단다.

하늬 박사의 생태 이야기

독사의 독이 퍼진 우유를 마시면 위험할까?

이야기 속에서 우유 속에 퍼진 독사의 독 때문에 사람 대신 우유를 마신 개가 죽고 말았어. 만약 그 우유를 사람이 마셨다면 사람도 목숨을 잃었을까? 답은 '그럴 수도 있고, 아닐 수도 있다'야.

전 세계에는 수천 종류의 뱀이 있는데, 그중에서 독을 가지고 있는 독사는 뱀 전체의 10~20% 정도라고 해.

우리나라의 뱀 중에 독을 가지고 있는 독사로는 살모사, 까치살모사, 쇠살모사, 유혈목이가 있단다. 독이 없는 뱀으로 우리나라의 대표적인 뱀 종류인 구렁이는 머리가 동그란 모양이지만, 독사 중 대표적인 살모사는 머리가 세모난 모양이야. 살모사의 독은 길고 뾰족한 두 개의 송곳니에서 나오지. 만약 살모사 같은 독사에게 물린다면 독사의 독이 사람 몸속에 흐르는 피의 흐름을 따라 몸 곳곳으로 퍼지기 때문에 아주 위험해질 수 있어.

독사에게 물린 사람의 상처를 입으로 빨아 독을 빼내는 행동도 위험하겠군요?

▶ 등에 둥근 모양의 검회색 무늬가 있는 살모사(왼쪽)와 다른 살모사들보다 몸이 더 두꺼운 까치살모사(오른쪽)야.

만약 독사에게 물린 것이 아니라, 독사의 독이 들어 있는 우유를 마신다면 어떨까? 이럴 경우 사람의 입을 통해 소화 기관으로 들어간 뱀의 독은 사람의 생명에 큰 지장을 주지는 않아. 사람의 몸속에 있는 간이 뱀의 독을 모두 분해하기 때문에 몸속까지 독성이 퍼지지 않기 때문이지. 하지만 혹시라도 독사의 독이 들어 있는 우유를 마시는 사람의 입속에 작은 상처라도 나 있다면 상황이 달라질 수 있어. 이 상처를 통해 독이 빠르게 몸 곳곳의 피 속으로 퍼져 나갈 수 있기 때문이지. 어쩌면 이야기 속의 개가 독이 든 우유를 마시고 죽은 것은 이런 이유 때문일지도 모르겠구나.

독사가 독사에게 물리면 어떻게 될까?

독을 가진 독사로는 코브라 종류와 살모사 종류가 대표적이야. 코브라과의 독사 중에는 시각, 청각 등의 감각 신경과 중추 신경을 순식간에 마비시켜서 심장 마비와 호흡 곤란 등으로 죽게 만드는 신경독을 가진 종과, 근육 조직이나 모세 혈관 등에 손상을 일으켜서 통증과 출혈 등으로 생명을 위협하는 출혈독을 가진 종이 있어. 살모사는 신경독과 출혈독을 모두 가지고 있는 종이 많단다. 따라서 이런 독을 가진 독사는 다른 독사를 물어 죽일 수 있고, 먹이를 먹다 실수로 자기 입을 깨물면 단시간에 죽을 수도 있단다.

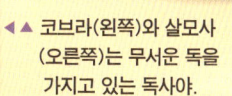

입으로 빨아낸 독을 실수로 삼킨다 해도 목숨을 잃지는 않겠지만, 혹시라도 입속에 작은 상처라도 있는 사람이라면 금방 독이 퍼질 수 있답니다.

◀▲ 코브라(왼쪽)와 살모사(오른쪽)는 무서운 독을 가지고 있는 독사야.

가장 잘 아는 일

어느 따뜻한 봄날 여우 한 마리가 먹이를 찾으러 나섰어. 여우가 사는 굴 근처에 농장이 하나 있었는데, 농장 안에 있는 닭장에는 닭이 아주 많았지. 여우는 농장에 몰래 들어가 닭을 실컷 잡아먹었어.

"아, 배도 부르니 햇볕이나 쬐며 산책 좀 해 볼까? 목이 마르니 물부터 마셔야겠다."

여우는 냇가로 가서 시원한 물을 벌컥벌컥 들이켰어. 배부른 데다 목도 축이고 따뜻한 햇살 아래에 있으니 슬슬 졸음이 밀려오기 시작했지. 양지바른 곳에 자리를 잡고 앉자마자 막 눈이 감기려고 하는데, 갑자기 냇가 주변이 시끄러운 거야.

"잠 좀 자려는데 왜 이렇게 시끄러워?"

여우가 잔뜩 인상을 쓰며 시끄러운 소리가 나는 냇가 쪽으로 다가갔어. 잘 보니 물 아래쪽에서 커다란 송어들이 떼를 지어 물 위쪽을 향해 헤엄쳐 오고 있었어. 그것도 물 위로 팔딱팔딱 뛰어오르며 올라오느라 시끄러웠던 거야.

"쩝, 배만 안 부르면 저 송어들도 잡아먹었을 텐데. 배도 부르고 귀찮으니 그냥 잠이나 더 자야겠다."

여우는 다 귀찮다는 얼굴로 다시 눈을 감았어. 그런데 송어 떼가 계속 시끄럽게 구는 바람에 좀처럼 다시 잠을 잘 수가 없었지. 참다 못한 여우가 송어를 향해 신경질을 내며 말했어.

"조용히 좀 할 수 없니? 왜 이렇게 시끄럽게 지나가는 거야!"

순간 송어는 흠칫했어. 하지만 여우가 자기를 잡아먹으려는 것 같지는 않아 보여서 마음 놓고 말했어.

"냇가 아래쪽에서 우리를 잡으려고 그물을 치면서 올라오는 사람들 때문에 어쩔 수 없어요."

송어의 말에 여우가 비웃었지.

"아니, 그렇다면 물에서 그러지 말고 땅 위로 몸을 피하면 되잖아. 땅 위에는 나무랑 숲, 바위 등 숨을 곳이 얼마나 많은데!"

여우의 말에 송어가 어이없다는 표정으로 물었어.

"만약 사람들이 여우님을 잡으려고 쫓아온다면, 여우님은 어디에 숨으실 건가요? 숲속에 숨으실 건가요, 물속에 숨으실 건가요?"

여우는 당연하다는 듯 대답했지.

"나야 당연히 숲속에 숨지!"

송어는 그럴 줄 알았다는 얼굴로 말했어.

"여우님이 위험을 피해 잘 숨을 수 있는 숲속으로 도망가듯이, 저희 송어도 저희가 잘 숨을 수 있는 물속에 숨는 것이 당연하지요. 우리 송어가 잘 숨을 수 있는 물속이라도 사람들에게 잡히기 일쑤인데, 잘 알지도 못하는 땅 위로 나간다면 어떻게 되겠어요?"

잘난 척했던 여우는 아무 말도 하지 못했단다.

뭔가 어려운 일이 다가왔을 때 자신이 가장 잘 아는 것부터 해결을 하려고 한다면 급한 위기를 넘길 수 있을 거야.

송어가 강 위로 뛰어오르는 이유는?

▲ 송어는 여름철 산란기가 되면 강으로 올라와 알을 낳아.

송어는 원래 바다에 사는 물고기야. 그런데 왜 이야기 속에서는 사람들을 피해 강물에서 팔딱거리며 뛰어올랐을까?

사실, 송어는 강에서 부화한 다음 잠시 살다가 바다로 내려가 몇 년을 자라. 그리고 알을 낳을 때가 되면 다시 강으로 돌아와 알을 낳는 '회귀성 어류'야. 강에서 바다로, 바다에서 강으로 옮겨 다닐 때, 송어는 무리를 지어 다니지.

송어는 연어랑 비슷하게 생겼는데, 등에는 검은 반점이 많이 나 있고 배는 은백색이야. 알을 낳을 때쯤 되면 암수의 몸이 조금씩 변하는데, 암컷과 수컷의 은백색 배는 검게 변하고, 수컷의 몸통 옆에는 갈색 무늬가 나타나면서 입이 길어져.

송어 암컷이 강 위로 거슬러 올라가는 이유는 알을 낳기 위해서야. 강 위로 올라온 수컷은 물이 맑고 자갈이 깔린 곳에 웅덩이를 파. 그리고 암컷은 이곳에 알을 낳은 후 자갈로 알을 덮어. 알에서 새끼 송어가 깨어나면 1~2년 동안은 강에서 작은 물고기나 곤충을 먹으면서 살아간단다. 어린 송어들이 바다로 내려가서 3~4년 동안 살면서 다 자라 다시 알을 낳을 때가 되면 강으로 되돌아오는 거야. 그렇게 강으로 되돌아와 알을 낳은 송어들은 모두 죽는단다.

송어와 같은 종류의 물고기로 분류되는 산천어는 송어처럼 바다로 가지 않고 강에서만 살아. 이야기 속의 송어 무리는 어쩌면 사람을 피해 강으로 뛰어올라온 것이 아니라, 알을 낳을 때가 되어 열심히 강으로 올라간 것일 가능성이 크단다.

송어가 무리 지어 이동한다면 사람들에게 잡히기가 더 쉬울 것 같은데요?

▲ 송어의 성장 과정

송어는 맛이 좋고 영양도 많아 사람들이 많이 잡았는데, 오늘날에는 하천이 오염되어 서식지가 줄어드는 바람에 개체 수가 많이 줄고 있답니다.

고향으로 다시 돌아가는 동물이 또 있다고?

연어나 송어처럼 강에서 부화한 다음 바다로 나갔다가 다시 강으로 되돌아와 알을 낳는 물고기가 있는가 하면, 산란이나 육아를 위해서 자신이 고정적으로 살던 곳에서 멀리 떨어져 다른 곳으로 이동했다가 다시 자신이 살던 곳을 찾아 돌아오는 능력을 가진 동물들이 있어.

꿀벌이나 개미, 비둘기나 제비와 같은 동물들은 이러한 회귀성을 가진 동물들이야. 자신들의 생존과 번식을 위해 발휘하는 동물들의 능력이 참 대단하지?

▼ 꿀벌, 개미, 비둘기, 제비는 회귀성 동물로 살던 곳을 다시 찾아온단다.

삼 형제와 마법 사과

어느 평화로운 나라의 왕에게 걱정이 하나 있었어. 사랑하는 외동딸이 몹쓸 병에 걸려 낫지를 않았거든. 왕은 공주의 병을 낫게 해 주는 사람을 공주와 결혼시키고 그에게 왕위를 물려주겠다고 온 나라에 알렸어.

먼 시골에 살던 삼 형제 중 첫째가 공주를 구하러 가자고 했어. 첫째는 아무리 먼 곳에서도 모두 볼 수 있는 마법의 망원경을 가지고 있었기 때문에 이 소식을 알게 되었지. 둘째는 어디라도 순식간에 날아갈 수 있는 마법의 양탄자를 가지고 있었어. 그리고 셋째는 어떤 병도 낫게 해 주는 마법의 사과를 가지고 있었지.

삼 형제는 마법의 양탄자로 공주에게 날아가 마법의 사과를 먹였어. 그러자 공주의 병이 거짓말처럼 싹 나았지.

"공주의 병이 단번에 낫다니! 그런데 누구를 사위로 삼아야 할꼬?"

왕이 고민에 빠지자 삼 형제는 다투기 시작했어. 첫째가 말했지.

"제 망원경이 아니었다면 공주가 아픈 것도 몰랐을 테니, 제가 공주와 결혼해야 합니다."

그러자 둘째가 나서며 말했어.

"무슨 소리야, 내 양탄자가 없었으면 여기 오지도 못했다고!"

형들의 말에 셋째가 조용히 말했어.

"아무리 망원경이 있어 소식을 알고 양탄자로 이곳에 올 수 있었다 해도, 저의 사과가 없었다면 공주의 병은 낫지 않았겠지요."

왕은 삼 형제 중 셋째를 공주와 결혼시키기로 했단다.

첫째의 망원경과 둘째의 양탄자는 한 번 쓴다고 사라지는 것이 아니지만 셋째의 마법 사과는 딱 한번만 쓸 수 있는 것이었어.
남을 위해 나의 가장 소중한 것을 내어 줄 수 있을까?

하니 박사의 생태 이야기
사과처럼 세계 곳곳에서 나는 귀한 과일은?

▲ 사과, 배, 포도는 전 세계 사람들이 사랑하는 역사 깊은 과일이야.

역사가 깊은 세계적인 과일이라 옛이야기에도 사과나 포도가 많이 등장하나 봐요.

공주의 병을 고친 셋째의 사과는 세상에 하나밖에 없는 특별하고 귀한 마법 사과였어. 실제로 사과는 전 세계 곳곳에서 널리 재배되는 것으로 언제 어디서든 쉽게 구해 먹을 수 있는 과일 중 하나야.

사과나무의 원산지는 발칸반도로 알려져 있는데, 서양에서 사과가 재배되어 온 역사는 수천 년도 더 되었다고 해. 현재 세계적으로 재배되는 사과의 종류는 약 700종 정도 된단다.

우리나라에서 과실로 재배되는 사과가 부사, 아오리, 홍로 등 10여 종 정도가 있고, 모양도 맛도 각각 달라. 이렇게 사과는 흔한 과일이지만, 맛이 좋을 뿐만 아니라 누구나 꼭 챙겨 먹으면 건강에 좋은 과일로도 유명해. 특히 아침에 먹는 사과는 두뇌 활동을 활발하게 해 주고, 변비를 막아 주는 효과가 있어. 또한 당뇨병이나 고혈압과 같은 질병을 예방하는 효과도 있단다.

　사과만큼이나 그 역사가 길고 전 세계적으로 재배되는 과일로는 배가 있어. 배의 원산지는 중국으로 알려져 있지. 배는 전 세계에 20여 종이 있는데, 우리나라에도 임금님께 바치던 '청실배'라는 훌륭한 배가 있어. 전라북도 진안 은수사에는 600여 년 된 청실배나무가 있단다. 배 또한 사과처럼 사람의 몸에 좋은 영양 성분이 많은 과일로 유명하지. 배에는 수분이 많아서 배변 작용을 돕고, 특히 감기나 천식과 같은 기관지 질병에 효과가 좋기로 유명해. 전 세계적으로 재배되는 역사 깊은 과일이면서 사과나 배처럼 생활 속에서 널리 쓰이는 것 중 빼놓을 수 없는 게 바로 포도야. 포도는 비타민이 많고 피로 회복에도 아주 효과적이어서 전 세계 사람들이 사랑하는 과일이란다.

> 특히 포도나무 열매인 포도는 기원전 3000년 무렵부터 재배해서, 최근에는 세계의 과일 생산량 중 가장 많은 양을 차지한답니다.

독이 되는 씨앗과 약이 되는 씨앗

사과는 세계적인 과일이지만, 씨앗의 효과는 조금 달라.
사과 씨앗에는 자연 독소가 있는데, 면역이 약한 어린이나 노인에게 안 좋을 수도 있기 때문에 절대 날것으로 먹어서는 안 돼. 반면 날것으로 먹어도 괜찮을 뿐더러, 약이 되는 과일 씨앗이 있어. 수박 씨는 신장의 기능을 도와 오줌을 잘 나오게 하고 변비에 좋아. 그리고 포도 씨는 피부나 시력 보호에 좋고 당뇨병에도 도움이 된다고 해.

▲▶ 포도 씨(위쪽)와 수박 씨(오른쪽)는 사람에게 약이 되는 과일 씨야.

누가 더 높을까?

한 지혜로운 왕이 있었어. 왕에게는 어디든 갈 수 있는 마법 양탄자와, 아주 작은 벌레의 말까지도 알아들을 수 있는 능력이 있었지. 왕은 양탄자를 타고 세계 곳곳을 누볐어. 어느 날 왕이 양탄자를 타고 하늘을 나는데 저 멀리서 여왕개미의 소리가 들려왔어.

"저 왕은 아주 위험해. 모두 몸을 피해!"

왕은 땅으로 내려와 여왕개미에게 물었어.

"너처럼 작은 벌레가 뭘 안다고 나를 위험하다고 하는 거냐?"

왕의 말에 여왕개미가 말했지.

"왕께서 스스로가 가장 뛰어나다고 여기는 그 생각이 위험합니다."

그러자 왕이 여왕개미를 비웃으며 말했어.

"내가 훌륭하다는 걸 인정할 수 없다는 것인가? 너는 나만큼 하늘 높이 날 수 있는가?"

여왕개미가 왕에게 청했어.

"그럼 저를 왕의 양탄자에 태워 주시겠습니까?"

왕은 여왕개미를 양탄자에 태워 하늘 높이 올라갔어. 그러자 여왕개미가 왕의 머리 위로 날아오르며 말했지.

"자, 보십시오. 제가 왕보다 더 높이 날고 있지 않습니까?"

왕은 아무 말도 하지 못했단다.

남보다 뛰어난 힘과 훌륭한 능력을 가졌다고 해서 함부로 자만하고 다른 사람을 무시해서는 안 돼.

하니 박사의 생태 이야기

여왕개미는 왜 하늘을 날까?

▲ 여왕개미의 모습들이야.

결혼 비행을 하면 공주개미가 모두 여왕개미가 되나요?

이야기 속의 여왕개미는 왕의 어리석음을 알게 해 주려고 하늘 위로 날아올랐지만, 실제로 여왕개미는 다른 목적으로 하늘을 날아.

개미는 여럿이 모여 집단생활을 하는 곤충인데, 여왕개미, 수개미, 일개미 등 개미마다 각각 하는 일이 정해져 있어.

이 중 날개가 있어서 하늘을 날 수 있는 건 여왕개미와 수개미인데, 여왕개미가 수개미와 함께 하늘을 나는 이유는 짝짓기를 하기 위해서야. 이렇게 짝짓기를 하기 위해 곤충의 암컷과 수컷이 섞여 하늘로 날아오르는 것을 '결혼 비행'이라고 해. 개미나 벌과 같은 곤충들이 이 결혼 비행을 하지.

암컷 개미 누구나 여왕개미가 되는 건 아니야. 암컷 개미 중에서 여왕개미 후보인 공주개미들이 짝짓기를 하기 위해 하늘을 날아오르면 수개미들도 하늘을 날아올라. 공주개미들은 하늘로 날아올라 페로몬으로 수개미들을 유혹하고, 여러 마리의 수개미들과 짝짓기를 하지. 이러한 결혼 비행이 끝나면 수개미들은 죽고 말아. 반면 공주개미는 땅으로 내려와 날개를 뽑아 버리고는 땅을 파서 굴을 만들어. 그리고 그곳에 알을 낳은 다음에, 자신이 거느릴 새로운 집단이 살아갈 터전을 마련하지. 공주개미가 낳은 알에서 태어난 일개미가 하나둘 늘어나면서 새로운 개미 집단이 형성되고 공주개미는 이 집단의 여왕개미가 되는 거야.

여왕개미는 집단에서 몸 크기가 가장 큰데, 알을 낳는 일만 해. 일개미는 암컷 개미로, 굴속에서 일을 하거나 밖에서 먹이를 구해 오는 일 등을 한단다.

> 모든 공주개미가 여왕개미가 되는 건 아니에요. 결혼비행을 하려고 날다가 쥐나 새 같은 동물에게 잡아먹히거나 지쳐서 죽기도 하거든요.

개미들의 의사소통 수단

공주개미가 수개미들을 유혹하기 위해 페로몬을 뿌린다고 했지? 이 페로몬은 개미들 세계에서 아주 중요한 의사소통 수단이야. 어떤 개미들은 먹이를 발견했을 때, 또 위험에 처했을 때 페로몬을 뿌려서 동료들에게 알려. 여왕개미는 페로몬을 뿌려서 먹이를 먹거나 자신을 돌보도록 하기 위해 일개미를 이끌어. 어떤 개미는 위험한 상황을 알리기 위해 울음소리를 내거나 머리를 부딪히는 소리를 내기도 한단다.

▼ 잎꾼개미(왼쪽)는 울음소리로 의사소통을 하고, 목수개미(오른쪽)는 위험한 상황에서 머리를 부딪혀 소리를 낸단다.

진정한 행복

한 남자가 지혜롭다고 소문난 사람을 찾아와 하소연했어.

"저는 너무나 불행합니다. 가난한 형편에 힘들게 살고 있는데, 아이들은 시끄럽고 말도 안 듣는 데다, 아내는 잔소리만 합니다. 행복해질 수 있는 방법이 없을까요?"

가만히 남자의 말을 듣던 지혜로운 사람이 차분히 말했어.

"내일부터 산양과 닭을 집 안에 풀어놓으십시오."

남자는 고개를 갸우뚱하며 집으로 돌아갔어. 그리고 지혜로운 사람의 말대로 집에 산양과 닭을 풀어놓았지. 남자의 집은 순식간에 엉망진창이 되고 말았어. 그러자 아이들과 아내는 고래고래 소리를 지르며 더 난리를 피웠어.

다음 날 남자가 지혜로운 사람을 찾아가 따졌어.

"선생님 때문에 행복해지기는커녕 더 불행해졌습니다. 집이 마치 지옥 같다고요."

지혜로운 사람이 아무렇지 않다는 듯 말했지.

"불행하다는 생각이 든다면 지금 바로 집으로 가서 산양과 닭을 집 밖으로 내보내시오."

남자는 지혜로운 사람의 말이 못 미더웠지만, 집으로 가서 일단 시키는 대로 했어. 그 다음 날 남자는 지혜로운 남자를 다시 찾아왔지.

"산양과 닭을 내보내니 하루 만에 집이 평화로워졌어요. 가족들도 한결 부드러워졌고요. 이제야 행복합니다. 감사합니다. 선생님!"

현재의 상황에 감사함과 만족감을 느끼는 사람이야말로 진정한 행복을 느낄 수 있는 사람이 아닐까?

하니 박사의 생태 이야기

산양을 집에서 키울 수 있을까?

이야기에서 그랬듯이, 실제로 산양을 집 안에 풀어놓는다면 어떻게 될까? 아마도 이야기 속과 같은 상황이 벌어지고 말 거야.

산양은 원래 바위가 많고 가파른 높은 산 위에서 활동하며 사는 동물이야. 산양은 우리가 흔히 알고 있는 염소랑 비슷하게 생겼지. 하지만 염소보다 몸이 두껍고 수염은 없어. 수컷만 뿔이 있는 염소와 달리 암컷과 수컷 모두 뿔이 있고 험한 바위산도 잘 오갈 수 있게 발굽이 튼튼해. 산양은 바위 벼랑 근처 숲에서 먹이를 찾는데, 주로 산열매나 풀, 진달래, 철쭉, 도토리, 보리수, 이끼, 나무껍질 등을 먹고 살아. 이쯤 되면 산양을 왜 실내에서 키우는 게 어려운지 짐작되지?

동물마다 자기가 살아가는 영역의 범위가 달라. 온 산을 자신의 영역으로 누비며 사는 호랑이나, 넓은 초원을 달리는 코끼리, 끝도 없는 바다 속을 누비는 돌고래 같은 동물들은 비교적 영역의 범위가 크고 넓어.

반면 좁은 곳에서도 잘 지내는 고양이 같은 동물도 있어. 고양이는

동물도 살아가는 데 필요한 삶의 공간이 다양하군요.

▶ 산양(왼쪽)은 바위가 많은 높은 산을 좋아해.
▶ 개(오른쪽)는 산책하는 것을 좋아하는 동물이지.

▲ 고양이는 좁은 공간에서도 잘 지내는 동물이야.

자기 영역 안에서 독립적으로 생활하는 영역 동물인데, 집에서 키우는 고양이들을 보면 산책하기를 싫어하고 집 안 구석에 숨거나, 아주 작은 상자와 같은 공간 속에 들어가는 모습을 쉽게 볼 수 있어. 집에서 키우는 개는 원래 넓은 공간과 산책을 좋아하는 동물이지만, 꾸준히 야외에서 산책을 시켜 준다면 얼마든지 실내에서 키우는 것이 가능하단다.

계절이 바뀔 때마다 사는 곳을 바꾸어 이동하는 철새들만 봐도 알 수 있지요.

동물들의 특별한 영역 표시

동물마다 자신이 생활하고 활동하는 영역이 다른데, 그 영역에 자신의 존재를 나타내는 영역 표시 방법도 조금씩 달라.
온 산을 누비는 호랑이는 산속의 나무나 풀, 바위 등에 오줌이나 똥을 누기도 하고, 나무 구멍을 파거나 풀을 눌러 놓기도 해. 산에 사는 멧돼지는 나무에 몸을 비비거나 이를 갈지. 그리고 고함원숭이는 큰 소리를 내서 다른 무리에게 자신들의 영역을 알리기도 한단다.

▲ 멧돼지는 나무에 몸을 비벼 영역을 표시해.

▼ 큰 소리를 내서 자신의 영역을 알리는 고함원숭이야.

중요한 말 한마디

어느 나라에 불치병에 걸린 왕이 있었어. 왕의 병은 아무리 뛰어난 의사도 고칠 수 없는 특이한 병이었지. 왕은 저 먼 나라까지 수소문하여 가장 훌륭하다는 의사를 데려왔어. 왕의 상태를 살피던 의사가 말했지.

"왕의 병은 사자의 젖을 먹어야만 나을 수 있습니다."

왕은 어떻게 사자의 젖을 구해야 할지 몰라 근심에 빠져 있었어. 이 소문이 온 나라에 퍼졌고, 어느 날 한 젊은이가 왕에게 찾아와 말했지.

"제가 사자의 젖을 구해 오겠습니다."

젊은이는 사자가 살고 있는 동굴 근처에 숨어 지켜보았어. 동굴에는 어미 사자와 새끼들이 있었지. 젊은이는 어미 사자가 없을 때 새끼들을 몰래 데리고 나왔다가, 새끼들을 한 마리씩 어미 사자가 있는 동굴에 데려다 주었어. 그러는 사이 젊은이는 어미 사자와 가까워졌고, 어미 사자의 젖을 얻을 수 있었지.

"이거면 왕의 병을 고칠 수 있겠지?"

젊은이는 뿌듯한 마음으로 왕궁을 향해 갔어. 어느덧 날은 어두워졌고 젊은이는 수풀 속에서 눈을 붙였지. 금세 잠이 든 젊은이는 자신의 발과 눈과 심장과 혀가 싸우는 꿈을 꾸었어.

"내가 없었다면 사자 굴까지 걸어가지도 못했어. 내 공이 가장 크지!"

발의 말에 눈은 큰 목소리로 말했어.

"나 아니면 앞을 보지도 못하는데 어떻게 사자 굴에 가냐?"

그러자 심장이 나섰지.

"아무리 눈이 있어 앞을 보고, 발이 있어 사자 굴로 갈 수 있다 한들, 내가 아니면 용감하게 사자가 있는 굴에 갈 마음이나 생겼을까?"

발, 눈, 심장의 말에 혀가 웃으며 말했어.

"그래 봤자, 너희는 아무 소용없어."

혀의 말에 발, 눈, 심장이 깔깔거리며 비웃었지.

"야, 네가 뭘 했다고 그래? 아무 쓸모도 없는 주제에!"

젊은이가 사자 젖을 들고 왕궁에 왔을 때 혀가 말했어.

"우리 중에 누가 가장 중요한지 알게 해 주지."

왕 앞에 온 젊은이에게 왕이 기뻐하며 말했지.

"오, 이것이 바로 사자의 젖이란 말이지?"

그러자 젊은이가 당당하게 말했어.

"이것은 개의 젖입니다."

젊은이의 말에 왕은 크게 화를 냈지.

"뭐? 개의 젖이라고? 이런 괘씸한……! 감히 네가 나를 놀려? 여봐라, 당장 이놈을 잡아 가둬라."

젊은이의 발, 눈, 심장은 너무 놀라 혀에게 사정했어.

"우리가 미안해. 어서 제대로 말해 줘. 안 그러면 우리가 모두 위험해져!"

젊은이의 혀는 왕에게 다시 말했지.

"왕이시여, 제가 잘못 이야기했습니다. 이것은 사자의 젖이 맞습니다."

그제야 젊은이의 발, 눈, 심장은 안도의 한숨을 내쉬었단다.

우리는 때로 중요한 것을 알아채지 못하고 하찮게 생각할 때가 있어. 사소한 것도 늘 소중하게 여기는 마음을 가지렴.

사람은 언제부터 동물의 젖을 먹기 시작했을까?

먹을 것이 부족했던 시절에는 동물의 젖이 사람에게 중요한 식량이 되었겠군요.

새끼를 낳아 젖을 먹여 키우는 포유동물의 젖은 새끼들에게 아주 중요한 영양분을 공급해 줘. 포유동물의 젖 속에는 유당이 들어 있기 때문이지. 사람들은 아주 오래전부터 소, 양, 염소, 말, 낙타와 같은 포유동물의 젖을 먹거리로 이용해 왔어. 이 동물들은 모두 사람이 길들여 가축화해 길러 온 동물들이야. 그러니, 이야기 속에서처럼 가축이 아닌 사자의 젖을 사람이 먹을 일은 없겠지?

사실 포유동물의 젖 속에 들어 있는 유당은 그냥 소화할 수가 없어. 모든 포유동물의 새끼는 이 유당을 분해하는 효소를 분비하기 때문에 유당을 분해하고 흡수할 수 있어서 아무 탈 없이 우유를 먹을 수 있는 거야. 사람도 마찬가지인데, 성인이 되면 유당을 분해하는 효소가 더 이상 분비되지 않기 때문에 동물의 젖을 그냥 마신다면 배탈이 나거나 설사를 하게 될 거야. 그런데 사람들은 어떻게

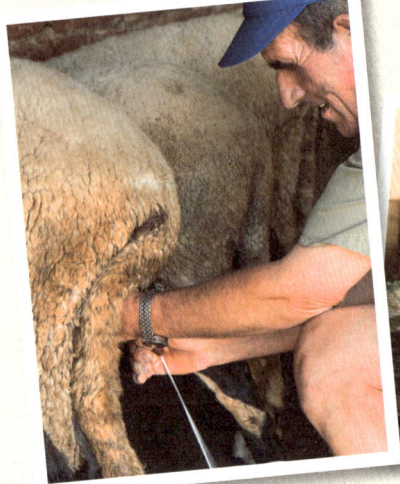
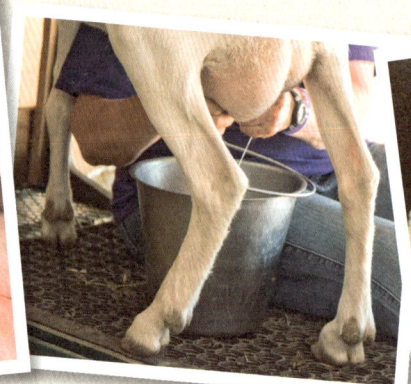

▲ 사람은 양, 염소, 소로부터 젖을 얻어 왔어.

동물의 젖을 먹을 수 있게 된 걸까? 그리고 언제부터 동물의 젖을 먹기 시작했을까?

　약 7000년경 소, 양, 염소 등을 가축화해 기르던 사람들은 우유를 먹을 수 있는 상태로 가공하는 방법을 알아냈어. 금방 짜낸 우유를 그냥 두면 우유 위에 크림 같은 것이 생기는데 이것을 가공한 것이 버터야. 그리고 우유를 발효시킨 것이 요구르트나 치즈가 되지. 버터나 요구르트, 치즈는 만들어지는 과정에서 유당이 분해되어 사람이 먹어도 아무 탈이 없는 상태가 되는 거야. 가축을 키우는 사람이 늘어나고 우유를 먹는 사람도 늘어나면서, 사람들이 점점 우유를 소화할 수 있는 능력을 갖게 되어, 많은 사람들이 우유를 먹어도 탈이 나지 않는 거란다.

우유는 칼슘, 철분, 비타민, 단백질 등 영양소가 아주 풍부한 식품이니까요.

우유가 몸에 해롭다고?

최근 들어 한 연구 결과에서 우유가 사람 몸에 해롭다는 발표가 있으면서 논란이 있기도 했어. 우유에는 분명 영양소가 많은데, 왜 사람 몸에 해롭다고 하는 걸까? 일상생활 속 식품으로 자리 잡은 우유를 많이 생산하기 위해, 젖을 생산하는 가축을 좋지 않은 환경에서 키우거나 성장 호르몬 유도제와 같은 약품을 투입하면 가축의 젖 속에 좋지 않은 성분들이 생겨나기도 해. 그렇지만 우유가 사람 몸에 무조건 해롭다거나 이롭다고는 할 수 없단다.

▲ 우유를 많이 생산해 내기 위한 대규모 낙농 시설이야.

막을 수 없는 사랑

한 나라에 지혜로운 왕이 있었어. 왕에게는 아름답고 총명한 딸이 하나 있었지. 어느 날 왕이 꿈을 꾸었는데, 한낱 보잘 것 없는 남자가 딸의 남편이 되는 꿈이었어.

'내 딸과 어울리지도 않는 그런 녀석을 사위로 맞을 수는 없지!'

왕은 아무도 살지 않는 외딴섬으로 딸을 보냈어. 그리고 수많은 군사들에게 딸이 아무도 만날 수 없게 감시하도록 시켰지.

한편 왕의 꿈에 나왔던 남자는 길을 잃은 채, 한참을 헤매고 있었어.

남자는 추위와 배고픔에 많이 지쳐 있었지.

"아, 추워. 이대로 계속 가다가는 얼어 죽겠어."

쉴 곳을 찾던 남자의 눈에, 죽어 쓰러져 있는 사자가 보였어.

"저 사자 품 안이라도 들어가 자야겠다."

남자는 죽은 사자의 품 속으로 들어가 잠을 청했어.

마침 그때, 먹이를 찾던 커다란 독수리가 죽은 사자를 발견하고는 순식간에 사자를 휙 낚아챘지. 그 바람에 남자는 사자와 함께 날아오르다 어떤 섬에 떨어지고 말았어. 그 섬은 지혜로운 왕의 딸이 갇혀 있던 섬이었지.

외딴섬에 갇혀 외로이 지내던 왕의 딸은 남자와 금방 사랑에 빠졌고, 결국 두 사람은 결혼하게 되었단다.

살다 보면 억지로 막아도 막아지지 않는 일이 있기도 해. 만약 왕의 입장이라면 어떻게 했을 것 같니?

하늬 박사의 생태 이야기

세상에서 가장 힘이 센 새는?

▲ 독수리는 부리와 발톱이 크고 날카로워.

빠른 속도로 하늘을 나는 독수리는 새들의 왕으로 불릴 만큼 힘이 세고 용맹스러운 새로 알려져 있어. 이야기에서 죽은 사자를 낚아챈 것처럼 다른 옛이야기 속에서도 독수리는 어린아이를 채서 날아가는 동물로 나오기도 하지. 하지만 실제로는 독수리가 자기 몸보다 훨씬 큰 사자와 사람을 한꺼번에 들고 날기는 힘들 거야.

그렇다면 가장 힘이 센 새는 누구일까? 아마도 몸집이 어마어마하게 큰 새가 힘이 가장 세지 않을까?

날 수 있는 새 중에서 몸 크기가 가장 큰 새는 넓적부리황새야. 이름 그대로 부리가 아주 넓적하고 긴데, 이 부리 크기만 해도 20센티미터가 훨씬 넘는단다. 넓적부리황새의 키는 1미터가 훨씬 넘고, 양쪽 날개를 쫙 펼치면 2미터가 넘으니, 마치 공룡처럼 보일지도 몰라. 그리고 그 커다란 몸집에서 어마어마한 힘이 나올 것만 같이 느껴질 거야.

소나 말처럼 타조도 사람이 이동 수단으로 이용할 수 있지 않았을까요?

날지는 못하지만 넓적부리황새보다 더 큰 새가 있는데, 바로 '타조'야. 다 자란 타조의 키는 2미터가 훨씬 넘고 몸무게도 150킬로그램이 넘는 데다, 타조의 알은 현존

▲ 날개를 편 넓적부리황새의 모습이야.

▲ 타조는 하늘을 날지는 못하지만 아주 빨리 달릴 수 있고, 타조 알은 새들의 알 중 가장 커.

타조는 쉽게 지치고 길들이기도 쉽지 않아서 마차를 끌거나 사람을 태우는 일이 쉽지는 않답니다.

하는 새들의 알 중에서 가장 크단다.

타조는 하늘을 날지 못하는 대신, 튼튼한 다리 그리고 마치 발굽처럼 발달한 2개의 발가락으로 아주 빨리 달리는 새야. 타조 정도의 몸 크기와 무게라면 이야기 속의 독수리처럼 사람과 사자를 들어올리는 것까지는 아니더라도, 사람을 등에 태우고 달리는 것은 가능할 거야.

세상에서 가장 작은 새

넓적부리황새가 큰 부리로 기네스북에 올랐다면, 가장 작은 걸로 기네스북에 오른 새가 있어. 바로 '벌새'가 그 주인공이지. 벌새 중에서도 몸 크기가 가장 작은 것은 말벌보다 약간 큰 크기로, 몸 길이가 약 5센티미터 정도밖에 안 돼서 마치 벌이 날아다니는 것처럼 보이지. 하지만 몸 크기는 작아도 나는 힘은 센 편이라서, 1초에 50번도 넘는 날갯짓을 하기도 한단다.

▲ 꿀을 먹고 있는 벌새의 모습이야.

나무 심는 노인

어느 무더운 여름날, 한 노인이 땀을 뻘뻘 흘리며 열심히 나무를 심고 있었어. 마침 그 옆을 지나가던 한 젊은이가 노인에게 다가와 물었지.

"무슨 나무를 이리 열심히 심고 계십니까?"

"캐럽 나무를 심는 중이라오."

젊은이는 의아하다는 듯이 노인에게 물었어.

"캐럽 나무요? 그럼 적어도 몇 십 년은 있어야 제대로 된 열매가 열릴

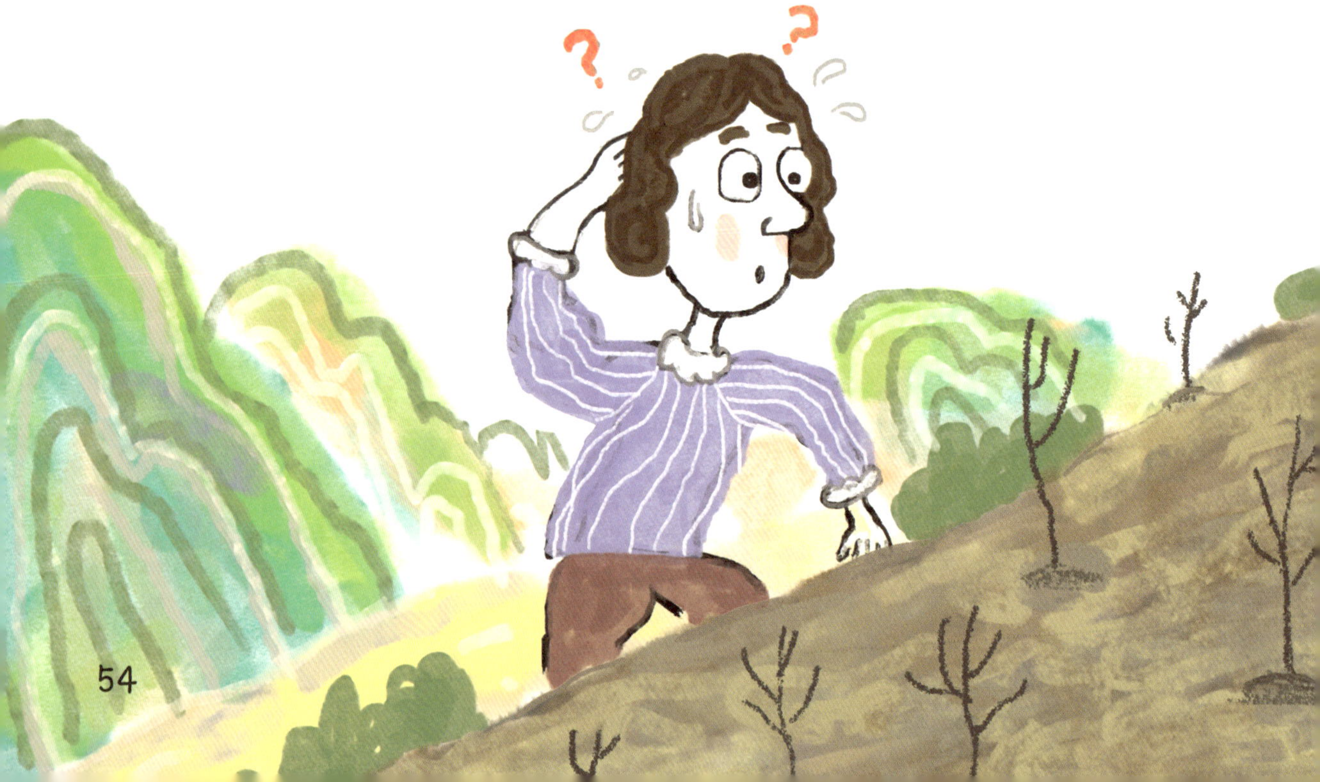

텐데요. 어르신께서는 이 나무의 열매를 맛보실 수 있을 거라고 생각하고 심으시는 건가요?"

노인은 빙그레 웃으며 말했어.

"허허, 내가 아무리 오래 살아도 그때까지 살 수는 없겠지요."

노인의 말에 젊은이는 더 알 수 없다는 표정으로 물었지.

"그런데 왜 굳이 이 무더운 날, 힘들게 나무를 심고 계시나요?"

그러자 노인이 담담하게 대답했지.

"내가 태어나기도 전에 나의 할아버지께서는 나를 위해 이 캐럽 나무를 심으셨다오. 나의 할아버지가 그러셨듯이, 나 또한 나의 손자들을 위해 이 나무를 심는 것이라오."

누구나 앞으로 일어날 일을 미리 알지는 못하지만, 미래를 위해 노력한 일들이 많은 사람에게 알찬 삶을 선물하기도 한단다.

하늬 박사의 생태 이야기

캐럽 나무 열매는 어디에 쓰일까?

노인이 손자들을 위해 심는다던 캐럽 나무는 과연 어떤 나무일까?

캐럽 나무는 지중해 지역이 원산지이며 콩과에 속하는 나무야. 아주 오랜 세월 동안 사람들과 함께해 온 나무로 세계 곳곳에서 재배되고 있지. 이 나무 열매는 먼 옛날, 가난한 사람들이나 전쟁터의 병사들에게 든든한 식량이 되기도 했어.

그런데 캐럽 나무 열매가 보석과 관련이 있다는 것을 알고 있니? 그 이름에서 추측할 수 있듯이, 옛날에는 캐럽 나무 열매의 씨앗을 다이아몬드의 단위로 썼어. 캐럽 나무 열매 씨앗의 무게가 0.2그램으로 항상 같아서 귀한 보석의 무게를 잴 때 씨앗을 기준으로 쟀던 거야. 다이아몬드의 단위로 쓰이는 '캐럿'은 바로 이 캐럽 나무 이름에서 나온 거란다.

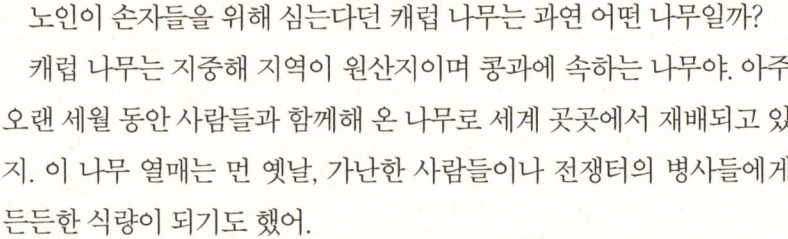

캐럽 나무가 보석의 단위를 재는 데 사용되었다니 흥미롭네요.

캐럽 나무 열매는 콩꼬투리처럼 생겼는데, 늦은 여름이 되면 이 콩꼬투리가 딱딱해지면서 갈색으로 변해. 캐럽 나무 열매는 천연 당분을 가지고 있어서, 아주 다양한 용도로 쓰여. 초콜릿의 주원료가 되는 카카오보다 지방이 적고 영양가가 많아서, 초콜릿을 만드는 카카오 가루 대신 쓰이거나 시럽을 만드는 데 쓰이기도 하지. 또 카페인이 들어 있지 않아서 알레르기가 있는 사람이나 면역력이 약한 어린아이들에게도 좋다고 알려져 있어.

▲ 캐럽 나무는 오랜 세월 동안 세계 곳곳에서 재배되어 왔어.

▲ 딱딱해지면서 갈색으로 변하는 캐럽 나무 열매야.

▲ 캐럽 나무 꽃으로는 꿀을 만들기도 한단다.

▲ 캐럽 나무 열매는 천연 당분을 가지고 있어서, 카카오 가루 대신 많이 쓰여.

순금을 24K라고 부르는 이유도, 어른 손 안에 들어가는 캐럽 나무 열매의 최대 개수가 24개이기 때문이랍니다.

캐럽 나무는 붉은색 꽃을 피우는데 이 꽃으로는 꿀을 만들기도 해. 그리고 캐럽 나무는 튼튼한 목재로 사용되기도 하지. 다 자라는 데 시간이 오래 걸리는 나무라고는 하지만, 많은 쓰임이 있는 귀한 나무이니 이야기 속 노인이 왜 이 나무를 심었는지 알 수 있을 것 같지?

가장 빨리 자라는 나무

이야기 속 노인이 빨리 자라는 나무를 심는다면, 죽기 전에 나무 열매를 맛볼 수 있지 않을까? 그렇다면 가장 빨리 자라는 나무는 어떤 나무일까? 기네스북에 가장 빨리 자라는 나무로 기록된 나무가 바로 '알비지아'야. 알비지아는 아열대 기후에서 자라는 나무로, 주로 동남아 지역의 길거리 가로수로 많이 자라고 있어. 긴 콩자루처럼 생긴 열매가 달리고 흰색이나 붉은색의 가느다란 꽃들이 피는 나무이지. 자라기 좋은 곳에서는 일년생이 7미터까지 자라고, 15년생은 거의 40미터까지 자라는 아주 큰 나무란다.

▲ 알비지아는 가장 빨리 자라는 나무야.

세상에서 가장 쓸모없는 것

거미를 끔찍이 싫어하는 왕이 있었어.

"지저분하게 아무 데나 거미줄을 치고 말야. 이렇게 못생기고 더러운 벌레가 세상에 왜 있는지 몰라!"

왕은 거미가 세상에서 가장 쓸모없는 벌레라고 생각했지.

어느 날, 왕의 나라가 이웃 나라의 공격을 받게 되었어. 이웃 나라의 군사들은 너무 막강해서 왕까지 허둥지둥 몸을 피해야 할 지경에 이르렀지.

이웃 나라 군사들을 피해 깊은 숲까지 한참을 도망가던 왕의 눈앞에 마침 커다란 동굴이 보였어.

"일단 저 동굴에 숨자!"

왕이 얼른 동굴 안으로 몸을 숨기고, 조심스레 동굴 밖을 살피는데, 동굴 입구에 큰 거미 한 마리가 거미줄을 치고 있었지.

'아, 엎친 데 덮친다더니. 하필 제일 싫어하는 거미까지!'

왕을 쫓던 적군들의 발소리가 동굴 앞까지 가까워졌어. 왕은 숨을 죽이고 동굴 밖 소리에 귀 기울였지.

"도대체 어디로 숨은 거야?"

"혹시 이 동굴 속에 숨은 게 아닐까?"

"이것 봐, 동굴 입구에 거미줄이 쳐진 걸로 봐서는 사람이 드나든 지 오래된 거야. 멀리 가지 못했을 테니 얼른 찾아보자!"

적군들은 다른 방향으로 흩어졌지. 그제야 왕은 깊은 숨을 내쉬었어.

"후유, 거미 때문에 살았다!"

세상에 쓸모없는 존재는 없어.
모든 존재는 그 이유와 가치가 있단다.

하니 박사의 생태 이야기
동굴에는 어떤 동물이 살고 있을까?

이야기 속 왕이 적군들을 피해 동굴로 숨은 이유는 아마도 동굴이 어두컴컴하고 잘 보이지 않아, 들키지 않을 거라고 생각했기 때문일 거야. 동굴마다 차이는 있겠지만, 실제로 대부분의 동굴 속은 햇빛도 잘 들지 않고, 매우 축축한 데다가 동물들의 먹이가 될 만한 영양 자원도 부족해. 그래서 일반적인 동물이 살아가기는 힘든 환경이지. 그럼에도 불구하고, 이런 동굴 속 환경에 적응해 동굴에서만 살아가는 동물이 있다는 것을 알고 있니?

장님좀딱정벌레, 장님굴새우, 장님송장벌레 들이 바로 그 주인공이야. 이렇게 동굴에서만 살아가는 동물들을 '진동굴성 동물'이라고 해. 이 동물들의 이름에서 뭔가 공통점을 찾았니? 이 동물들은 동굴에서만 살다 보니, 동굴의 환경에 맞게 몸도 변화되었어. 컴컴한 동굴 생활에서는 굳이 밝은 눈이나 날아다닐 수 있는 날개가 필요 없겠지. 그러다 보니 이 동물들은 눈이나 날개 기관이 퇴화되어 아예 사라져 버렸고 다리나 더듬이도 아주 가늘어졌어. 그리고 다리나 더듬이로 소리나 냄새를 민감하게 알아챌 수 있지. 동굴에서만 사는 동물은 대부분 몸 색깔이 하얗거나 투명한 데다 피부로 숨을 쉬고, 아주 작은 양의 먹이로도 오래 버틸 수 있어.

이야기 속에서 등장했던 거미는 동굴에서만 사는 동물은 아니야.

> 사람이나 일반적인 동물들은 동굴 속에서는 살아가기 어렵겠군요.

▲ 노래기는 건드리면 몸을 둥글게 말고, 노린내를 풍겨.

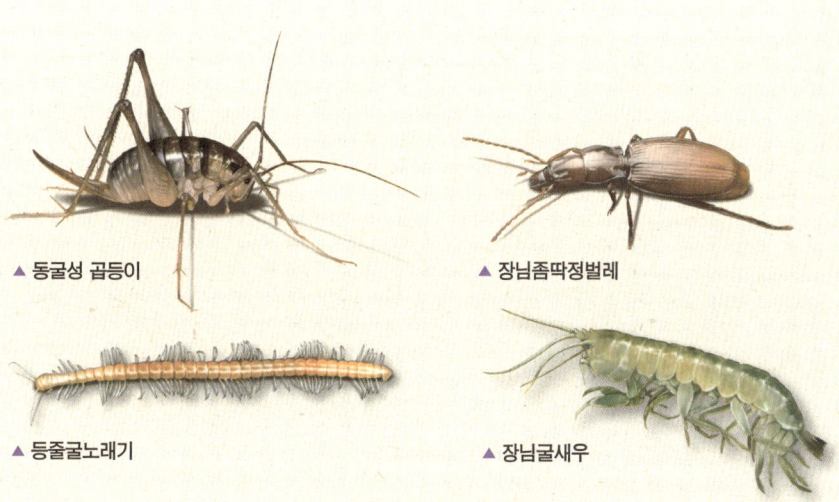

▲ 동굴성 곱등이　　▲ 장님좀딱정벌레

▲ 등줄굴노래기　　▲ 장님굴새우

거미는 어두컴컴하고 축축하며 온도가 낮은 동굴과 비슷한 환경의 땅 위에서도 사는 동물이지. 이런 동물을 '호동굴성 동물'이라고 해. 일부 도룡뇽과 딱정벌레류, 곱등이나 거미 등의 절지동물류, 노래기류 같은 동물들이 호동굴성 동물에 속한단다.

> 호동굴성 동물과 진동굴성 동물을 아울러 '동굴성 동물'이라고 해요. 호동굴성 동물은 아무것도 먹지 않고 수개월을 버틸 수 있답니다.

박쥐는 동굴에만 사는 동물일까?

동굴 속 동물 하면 가장 먼저 박쥐를 떠올리는 친구들도 있을 거야. 하지만 박쥐는 동굴에서만 살 수는 없고, 일부의 생활을 동굴 밖에서 하는 '외래성동굴 동물'이야. 외래성동굴 동물에는 박쥐나 곱등이 같은 것들이 있는데, 낮에는 동굴 속에서 쉬거나 잠을 자다가 밤이 되면 동굴 밖으로 나가서 먹이를 찾지. 박쥐가 동굴 밖에서 사냥한 먹이를 잡아먹고 동굴 안에 배설한 배설물들은 다른 동굴 동물들의 주요한 먹거리가 되기도 한단다.

▲ 박쥐는 동굴 안팎을 오가며 생활해.

불행 중 다행

한 남자가 개 한 마리와 나귀 한 마리를 데리고 긴 여행을 하고 있었어. 어느 날, 날이 어두워져서 묵을 곳을 찾던 남자는 마침 어느 마을의 비어 있는 헛간을 발견했지.

"오늘은 여기서 묵어 가야겠다."

남자는 헛간에 들어가 등불을 켜고는 책을 읽었어. 늦은 밤까지 책을 읽고 있는데, 갑자기 바람이 휙 불더니 등불이 꺼지고 말았지.

"어쩔 수 없지. 이만 자야겠군."

아침이 되어 눈을 뜬 남자는 깜짝 놀랐어. 함께 다니던 개는 여우에게 물려 죽어 있었고, 나귀는 사자에게 잡혀간 거야.

"아니, 어떻게 이런 일이! 홀로 긴 여행을 어찌 한담?"

남자는 눈앞이 깜깜했지만, 할 수 없이 등불 하나만 들고 다시 길을 나섰지. 그런데 이상하게도 마을은 지나다니는 사람 하나 없이 쥐죽은 듯 조용했어. 자세히 살펴보니 마을은 도적 떼로부터 약탈을 당해 쑥대밭이 되어 있었고, 마을 사람들 또한 거의 목숨을 잃었던 거였지.

남자는 놀란 가슴을 쓸어내리며 중얼거렸어.

"아, 간밤에 등불이 바람에 꺼지지 않았다면 나 또한 도적 떼에게 들켜 목숨을 잃었을지 몰라. 개가 여우에게 물려 죽지 않아 짖었다면, 나귀가 사자에 잡혀 가지 않아 울었다면 분명 들키고 말았을 거야. 후유……."

안 좋은 일, 걱정스럽던 일들이 오히려 좋은 결과를 가져오는 경우가 있어. 아무리 절망적인 상황이라 해도 희망을 잃어서는 안 돼.

하늬 박사의 생태 이야기

나귀와 개는 사람을 이롭게 한다고?

▲ 나귀는 사람에게 편리한 이동 수단이 되어 왔어.

▲ 목장의 양들을 지키는 양치기 개야.

이야기 속에 등장하는 나귀는 앞에서도 살펴봤던 당나귀와 같은 동물이야. 당나귀는 원래 당나라에서 나던 나귀를 가리키던 말인데, 일반적으로 나귀를 부르는 말이 된 거지. 앞에서도 말과 비교해서 알아봤듯이, 나귀는 튼튼한 체력과 온순한 성격으로 사람의 이동 수단이 되어 주기도 하면서, 아주 오랜 세월 동안 사람과 함께해 온 동물이야. 날렵하고 힘차게 달리는 말에 비해, 동글동글해 보이는 나귀가 어딘지 모르게 투박하고 굼뜬 느낌을 줄지도 모르겠지만, 사실 나귀는 말보다 상황 판단도 뛰어나고 똑똑해서 자신에게 닥친 위험도 금방 알아차린단다.

개 또한 사람과 아주 오랫동안 함께해 오며 많은 도움을 주던 동물이야. 목장의 양들을 지키는 양치기 개, 마약 범죄를 막는 마약 탐지견, 앞 못 보는 맹인을 옆에서 안내하는 맹인 안내견부터 사람들과 한 가족으로서 함께 생활하는 반려견까지, 예부터 오늘날까지 개는 사람과 아주 가까운 동물이지.

이렇게 사람과 가까이 지내 온 나귀의 수가 요즘 유럽 쪽에는 많이 줄어서 멸종 위기에 몰려 있다고 해. 나귀를 온순하게 만들기 위해 수컷 나귀와 암컷 말 사이에서 노새가 태어나게 하는데, 새끼를 낳지 못

이야기 속 남자가 긴 여행에 왜 나귀와 개를 데리고 다녔는지 잘 알겠네요.

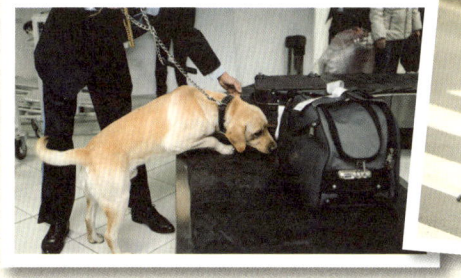

▶ 냄새로 마약을 찾는 마약 탐지견(왼쪽)과 맹인을 안내하는 맹인 안내견(오른쪽)이야.

하는 노새의 수가 늘어나면서 상대적으로 나귀의 새끼 수가 줄어들었기 때문이지. 또 지금은 교통수단 등이 발달해서 이동 수단으로써 굳이 나귀를 필요로 하지 않기 때문에, 전보다 많이 기르지 않게 되었기 때문이기도 해. 하지만 아프리카나 아랍 등의 작은 나라나 시골에서는 아직도 나귀를 많이 기르고 있단다.

개는 보통 10~15년을 살지만, 나귀는 40~60년까지 사니 사람과 함께 오랜 시간을 함께할 수 있다는 점 때문에 나귀를 반려동물로 키우는 사람도 있답니다.

개를 쫓아내는 나귀가 있다고?

수년 전 호주의 목장에서는 양 떼들을 지키기 위해 목장 안에 나귀를 풀어 놓기도 했다고 해. 호주의 양 떼 목장 주변에는 많은 들개들이 호시탐탐 양을 노리며, 양을 잡아먹거나 공격하기 때문에 양을 키울 수 없을 지경에 이르렀는데, 나귀를 풀어놓는 이유는 나귀가 보호 본능이 아주 강하기 때문이야. 들개가 양을 향해 달려오며 공격하면 나귀는 양을 보호하기 위해 개를 쫓아내 버리니, 나귀를 키우는 게 양을 지키는 좋은 수단이 될 수밖에 없겠지?

▲ 나귀가 목장에서 양들을 지키고 있어.

닭에게 내린 판결

어느 마을에 아주 사나운 닭이 한 마리 있었어. 사나운 닭은 이웃 농장 안으로 들어가 괜히 가축들을 쪼며 괴롭히곤 했지. 마을 사람들은 너도나도 그 닭을 쫓아내야 한다고 했지만, 닭의 주인은 오히려 당당했어.

"우리 닭이 그랬다는 증거가 있나요?"

사나운 닭 때문에 피해를 입은 마을 사람들은 참다 못해 재판관에게 쫓아가 닭을 처형해야 한다고 했지.

"저 사나운 닭 때문에 마을 가축들이 멀쩡할 날이 없어요!"

"맞아요. 저 닭을 마을에서 쫓아내든지, 처형을 해야 해요."

마을 사람들의 주장에 재판관이 물었어.

"저 닭이 가축을 해치는 것을 정확히 보았나요?"

"본 것은 아니지만, 저 닭이 한 짓이 틀림없어요!"

마을 사람들의 불만에도 재판관은 아무런 판결도 내리지 않았어.

그러던 어느 날, 마을의 한 아기가 닭에게 쪼여 그만 죽고 말았어. 마침 그 모습을 지켜본 마을 사람이 재판관에게 바로 달려가 말했지.

"저 사나운 닭이 아기를 죽게 만들었어요. 이 두 눈으로 제가 똑똑히 보았답니다!"

재판관은 그제야 닭을 처형한다는 판결을 내렸단다.

죄를 지었다면 그에 대한 벌을 받는 것은 당연하겠지만, 확실한 증거도 없이 경솔하게 처벌된다면 안 되겠지?

하니 박사의 생태 이야기
닭은 모두 사나울까?

닭을 애완용으로 키우기도 하는군요.

닭은 꿩과에 속하는 새야. 나귀나 개처럼 사람과 아주 오래전부터 함께 지내 온 가축이지. 전 세계적으로 많은 사람들에게 영양 가득한 달걀과 고기를 제공해 온 아주 중요한 가축이기도 해.

닭은 종류에 따라 생김새도 제각각이고, 기르는 목적에 따라 그 종류가 나뉘기도 해. 주로 달걀을 얻기 위해 기르는 닭, 고기를 얻기 위해 기르는 닭, 달걀과 고기를 모두 얻기 위해 기르는 닭이 있는가 하면, 닭싸움에 이용하기 위한 싸움닭으로 기르는 닭도 있어. 또 어떤 닭은 애완용으로 기르기도 하지.

우리나라에서 예부터 달걀과 고기를 얻기 위해 길러 왔던 재래 닭을 '토종닭'이라고 해. 일반적으로 닭은 곡식과 동물성 먹이를 모두 먹고 살기 때문에 먹이를 쪼아 먹기 좋게 부리가 크고 단단해. 그런데 토종닭은 워낙 활동적인 데다가 성질도 사납고 공격적인 편이라서, 토종닭을 집 마당에 풀어 두고 키우던 옛날에는 자기보다 몸집이 큰 개에게 달려들기도 하고, 괜히 어린 아이를 크고 단단한 부리로 쪼기도 했지. 토종닭 암컷의 경우에는, 특히 알을 품는 기간 동안에 사납고 공격적이야. 새들의 왕이라 불리는 맹금류인 매도 토종닭 수컷들이 있으면 함부로 힘이 약한 병아리나 암탉을 공격

▲ 우리나라에서 예부터 길러 온 고유한 품종인 토종닭이야.

▲ 다양한 종류의 애완용 닭이야.

하기는 힘들 거야. 하지만 품종이 개량된 요즘의 닭들은 이야기에 등장한 닭처럼 이유 없이 마구잡이로 사람을 공격하거나 자기보다 몸집이 큰 동물을 공격하는 일은 거의 없어. 특히 사람들이 애완용으로 키우는 닭은 대부분 성질이 온순한 편이란다.

> 아무리 성질이 온순한 애완용 닭이라고 해도 수컷 두 마리가 있다면 서열 때문에 싸움이 일어날 수 있답니다.

심한 스트레스를 받고 있는 닭

사람에게 영양 많은 달걀을 낳아 주는 닭이지만, 최근 좁고 열악한 환경의 닭장 안에서 한꺼번에 길러지는 많은 닭들의 스트레스가 심각해.
넓은 공간의 자연에서 크는 닭들은 부화한 후 6개월부터 산란하기 시작하고, 약 3년 동안 알을 낳으며 부리로 땅을 파 먹이를 먹고 살아. 하지만 좁은 닭장 안에서 많은 달걀을 낳아야 하는 닭들은 병아리 때부터 항생제와 성장 호르몬이 들어 있는 사료를 먹고 자라면서 일찍 산란을 시작해. 이렇게 나쁜 환경에서 스트레스를 받은 닭이 다른 닭을 부리로 심하게 쪼는 일도 있어서 사람들은 병아리 때부터 아예 닭 부리를 잘라 버리기도 한단다. 인간의 이 기심은 결국 인간에게 돌아온다는 것을 생각해야 해.

▲ 열악한 대규모 닭 사육 시설은 닭에게 스트레스를 주고 있어.

나무에게 전하는 말

한 여행자가 뜨거운 햇볕이 내리쬐는 긴 사막을 걷고 있었어. 여행자는 오랜 여행과 더위에 지칠 대로 지쳐 있었지.

"아…… 배도 고프고 몸도 너무나 고되구나. 어디서 잠시 쉬어 가면 좋을 텐데……."

사막 한가운데를 지나던 여행자의 눈에 마침 나무 한 그루가 보였어.

"저 나무 그늘 아래에서 조금만 쉬었다 가면 되겠다."

여행자가 나무 그늘 아래에 몸을 맡기고 누워서 보니 나무에 탐스러운 열매가 달려 있는 거야.

"목도 마르고 배도 고프던 참이었는데, 정말 잘됐어!"

며칠을 굶었던 여행자는 나무 열매를 따서는 허겁지겁 맛있게 먹었지. 여행자는 한참을 나무 그늘 아래에서 쉬다가, 다시 기운을 차리고는 길을 나설 준비를 했어. 그리고 나무에게 말했지.

"내가 나무 네 덕분에 살았다. 어떻게 은혜를 갚아야 할지 모르겠구나. 나무야, 앞으로도 건강하게 버티면서 계속 이렇게 맛있는 열매를 많이 맺어 주렴. 네 열매들의 씨앗이 커서 또 다른 나무들로 자라면 너처럼 고맙고 훌륭한 나무로 자라날 테니까 말이야."

여행자는 나무에게 감사의 말을 남기고는 힘차게 길을 나섰단다.

힘든 상황에서 다른 무엇으로부터 도움을 받았을 때, 아무리 작은 것이라도 감사할 줄 아는 마음을 가져 보렴.

하니 박사의 생태 이야기

사막 한가운데 있는 나무는 무엇일까?

뜨거운 햇볕, 비 한 방울 내리지 않는 건조한 모래사막.

만약 이런 곳에서 맛있는 열매가 달린 나무를 발견한다면 어떨까? 그야말로 생명의 나무로 느껴질 거야. 이야기 속의 여행자가 진심으로 감사의 말을 남긴 나무처럼 말이야. 그런데 실제로 이렇게 사막 한가운데 자라나는 생명의 나무가 있다는 사실을 알고 있니?

그 나무는 아마 대추야자였을지도 몰라.

대추야자는 서부 아시아와 북아프리카에서 처음 자라난 나무인데, 모래땅과 건조한 기후, 높은 온도에서 자라나는 나무야. 대추야자는 5~10월에 꽃을 피우고 동그랗고 길쭉한 녹색 열매를 맺는데, 이 녹색 열매는 노래졌다가 붉게 익지. 특히 이 열매는 아주 달고 맛이 좋을 뿐 아니라 영양분도 많아서, 먼 옛날 고대인들을 먹여 살렸다는 '생명의 나무'로도 알려져 있단다. 그리고 실제로도 많은 여행자들에게 아주 소중한 식량이 되어 왔기 때문에 오늘날까지도 꾸준히 재배되고 있는 나무야.

대신 대추야자가 달콤한 열매를 맺을 만큼 무성하게 자라기까지는 10년이 넘는 시간이 걸리지만, 그렇게 다 자란 나무에서는 1년에 70~90킬로그램 분량의 많은 열매를 얻을 수 있어. 게다가 무려 100년 가까이 동안 열매를 수확할 수 있지. 그래서 대추야자 열매는 사계

> 성경 속에도 등장하는 종려나무가 바로 대추야자와 같은 것이지요.

◀ 대추야자는 야자나무과 나무로, 잎이 우산 모양으로 뭉쳐서 나.
◀ 대추나무 열매는 노래졌다 붉게 익어.

◀ 대추야자 열매는 달콤한 맛 때문에 식품으로 인기가 좋아.

절 내내 먹을 수 있단다. 더구나 한번 수확한 대추야자 열매는 보관도 쉬워서 2년이 넘게 저장할 수 있으니, 정말 대추야자는 생명의 나무라고 부를 만하지?

대추야자 열매는 아랍 사람들의 주요 식량이 되기도 하고, 대추야자 수액으로 술을 담그기도 하지요.

사막에서 잘 자라는 나무

대추야자처럼 추운 곳을 싫어하는 대신 뜨겁고 건조한 곳에서 잘 자라는 나무가 또 있어. 바로 '돌무화과'야. 돌무화과는 뽕나무와 비슷하고 열매는 무화과와 비슷하지만 열매가 작고 맛은 무화과보다 못해서 '돌무화과'라고 불려. 대추야자처럼 맛이 아주 뛰어나지는 않아도 단맛이 있기 때문에 가축 사료뿐 아니라 가난한 사람들에게는 아주 중요한 식량이 되어 왔어. 또 아주 오래 사는 나무이기 때문에 뜨거운 사막 한가운데 오래도록 자리 잡고 있으면서 더위에 지친 사람들에게 시원한 그늘을 만들어 주지. 어쩌면 이야기 속에서 여행자에게 시원한 그늘을 준 나무는 이 돌무화과일 수도 있단다.

▲ 돌무화과(왼쪽)와 그 열매(오른쪽)야.

도둑을 잡은 왕의 지혜

　세 친구가 함께 장사를 해서 큰돈을 벌었어. 세 친구는 잃어버릴 수도 있으니 돈을 셋만 아는 곳에 묻어서 보관하기로 했지. 그러던 어느 날, 땅속에 묻어 둔 돈이 사라지고 말았어. 세 친구는 서로를 의심할 수 밖에 없었지.

　"여기 돈을 묻은 걸 아는 사람은 우리 셋뿐이야. 우리 중 하나가 돈을 훔쳐 간 게 분명해!"

　옥신각신하던 세 친구는 결국 지혜롭기로 유명한 왕에게 찾아가 누가 도둑인지 판결해 달라고 했어. 자초지종을 들은 왕이 말했지.

　"일단 도둑을 밝히기 전에 내가 이야기를 하나 들려주겠다."

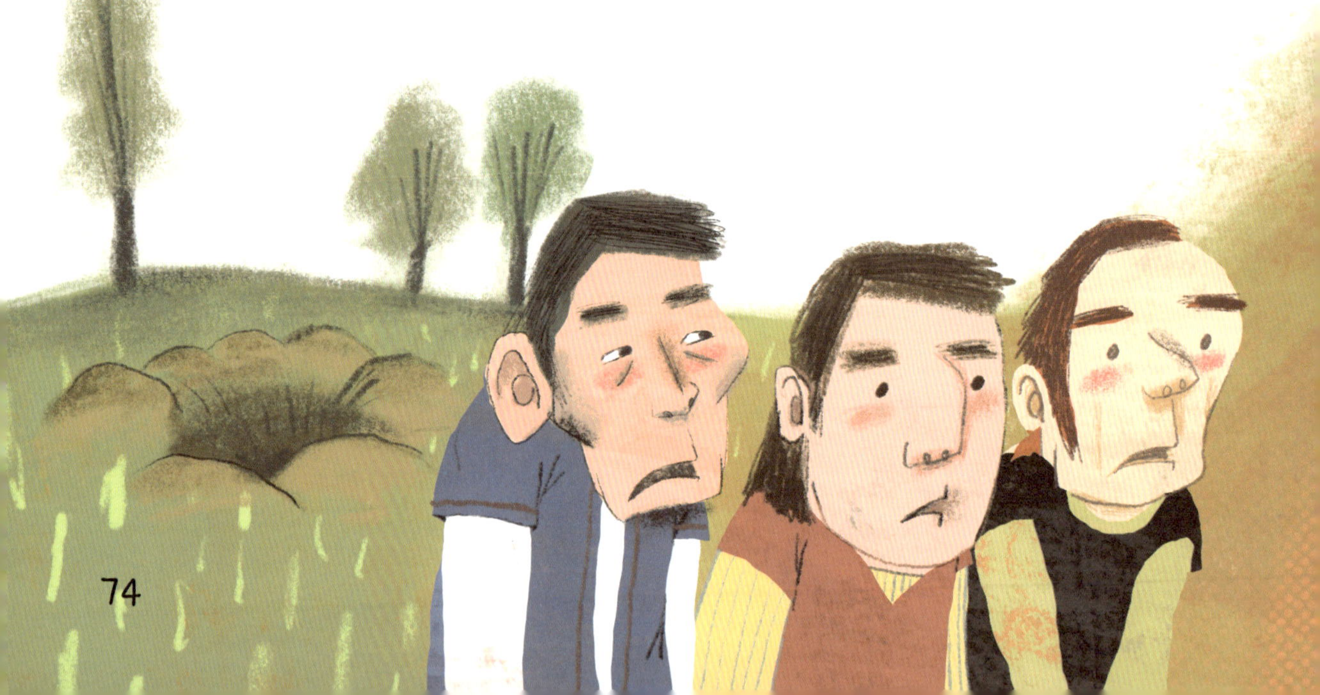

세 친구는 왕의 이야기에 귀를 기울였어.

"한 젊고 아름다운 아가씨가 있었다. 아가씨는 이미 결혼을 약속한 약혼자가 있었지만, 결혼을 앞두고 다른 남자와 사랑에 빠지고 말았지. 아가씨는 약혼자에게 가서 파혼할 것을 요구하며 대신 돈을 많이 주겠다고 했어. 약혼자는 돈을 받지 않고 그냥 파혼을 해 주었지. 그런데 어느 날 한 노인이 아가씨가 돈이 많다는 것을 알고는 납치를 했다. 아가씨는 자신의 약혼자도 돈 한 푼 받지 않고 파혼을 해 주었으니, 노인에게도 그냥 자신을 풀어 주었으면 좋겠다며 부탁했다. 그러자 노인은 아가씨의 부탁대로 아가씨를 풀어 주었지. 아가씨, 아가씨의 약혼자, 노인. 이 셋 중에 누가 가장 칭찬을 받을 만하다고 생각하는가?"

왕의 말에 첫 번째 친구가 말했어.

"당연히 아가씨의 약혼자가 칭찬을 받아야지요. 아무런 보상도 없이 아가씨를 사랑하는 마음으로 파혼을 해 주었으니까요."

이번에는 두 번째 친구가 말했지.

"저는 그렇게 생각하지 않습니다. 약혼자에게 모든 것을 솔직하게 말하고 파혼을 요구한 아가씨의 용기야말로 칭찬받는 것이 마땅하지요."

그러자 세 번째 친구가 피식 웃으며 말했어.

"저는 이 이야기 자체가 말이 안 된다고 생각해요. 파혼을 당하면서 돈 한 푼 받지 않은 약혼자도 그렇고, 돈 때문에 아가씨를 납치해 놓고서는 아가씨가 부탁한다고 그냥 풀어 준 노인도 이상하지요. 이건 애초부터 있을 수 없는 이야기 아닙니까?"

왕은 엄한 얼굴로 말했지.

"네가 바로 돈을 훔쳐 간 범인이다. 너의 친구들은 내 이야기를 듣고 사랑이나 용기의 가치를 말하는데, 너는 오로지 돈에만 가치를 두고 말하고 있으니 네가 도둑임에 틀림없다."

왕의 말에 세 번째 친구는 붉어진 얼굴로 아무 말도 못했단다.

**사랑, 우정, 용기 등 세상에는
돈으로 바꿀 수 없는 가치들이 있어.
이런 가치들을 소중히 여길 줄 아는 사람이 되렴.**

하늬 박사의 생태 이야기
결혼하기 위해서 선물을 하는 곤충이 있다고?

▶ 밑들이 수컷의 배는 전갈처럼 끝이 들려 있어.
▶ 밑들이는 봄에 다른 곤충의 즙액을 빨아 먹어.

암컷 곤충에게 선물하는 수컷 곤충이 또 있나요?

왕의 이야기 속에 등장하는 아가씨처럼 사랑을 얻기 위해 돈과 같은 물질적 대가를 치른다는 게 좀 황당한 일이긴 하지? 경우가 조금 다르지만, 사람이 사랑하는 이성에게 선물을 주며 청혼을 하듯이 동물도 자신의 마음에 드는 짝을 만나기 위해 다양한 행동들을 한단다. 특히 곤충 중에는 결혼을 위해 수컷이 암컷에게 선물을 하고, 암컷은 그 선물이 맘에 들어야만 결혼이 이뤄지는 곤충이 있어. 바로 '밑들이'야.

밑들이는 일단 생긴 모습부터가 좀 독특한데, 특히 수컷은 마치 독을 가진 전갈처럼 배의 끝이 들려 있어서 '전갈파리'라고 불리기도 해. 하지만 밑들이의 꼬리에는 독이 없어. 밑들이의 머리에 붙은 입은 길쭉하고 먹이를 씹기에 좋게 생겼단다. 밑들이는 전 세계에 600여 종이 있는데, 우리나라에는 모시밑들이, 제주밑들이, 참밑들이 등 10여 종이 살고 있어. 밑들이는 축축한 땅속이나 땅 위에 살면서 작은 곤충이나 죽은 동물 등을 먹고 살기 때문에 마치 지렁이와 같은 자연 청소부 역할을 한단다. 그래서 사람에게는 이로운 곤충이야.

밑들이는 죽은 동물이나 열매에 긴 입을 넣어 먹는데, 이때 수컷 밑들이는 암컷 밑들이가 오기를 기다렸다가 암컷이 오면 자기가 먹던 먹이를 암컷에게 주지. 만약 암컷이 먹이를 먹으면 결혼을 승낙한다는 뜻이야. 그야말로 청혼을 하는 것과 마찬가지야. 결혼을 하기 위해 곤충도 이성에게 선물을 한다니, 참 재미있지?

수컷 춤파리는 암컷에게 자신이 사냥한 작은 곤충을 고치나 꽃잎 같은 데 싸서 선물하기도 하지요.

◀ 춤파리도 수컷이 암컷에게 선물을 하는 곤충이야. 춤파리의 주둥이는 굵고 긴 빨대 모양이야.

암컷에게 청혼하는 물고기

밑들이, 춤파리, 각다귀붙이, 초파리과, 노린재 등은 결혼을 위해 암컷에게 수컷이 선물을 하는 곤충들이야. 곤충 말고 물고기 중에서도 암컷에게 수컷이 청혼을 하는 물고기가 있는데, 바로 '가시고기'야.

가시고기 수컷은 알을 낳을 때가 되면 몸 색깔이 검푸른 색으로 변하는데, 물풀로 집을 짓고 집 입구에서 물구나무서기 춤을 추며 암컷에게 청혼을 해. 만약 암컷이 그 집을 마음에 들어 하지 않는다면, 집을 다시 짓거나 다른 암컷에게 청혼을 해야 한단다. 결혼을 위한 동물들의 노력이 참 대단하지?

◀ 가시고기는 수초 중간쯤 둥지를 지어.

우물 앞의 약속

　햇살이 따사로운 날, 한 아가씨가 숲속을 산책하고 있었어. 아가씨는 따뜻한 햇살 아래 깜빡 잠이 들었지. 얼마나 잤을까 눈을 떠 보니 주위는 어둑어둑해져, 돌아가는 길을 잃고 말았어. 아가씨는 한참을 헤매다가 어느 마을에 이르렀지.
　"아, 한참을 걸었더니 배고프고 목도 마르네."
　힘든 아가씨 눈에 마침 우물이 보였어. 우물은 꽤 깊은 것 같았지만 아가씨는 너무도 목이 말라 망설임 없이 두레박을 타고 우물 안으로 내려갔어. 그리고 벌컥벌컥 물을 마셨지.
　"이제 살 것 같아. 그런데 어떻게 다시 올라간담? 여보세요! 거기 누구 없나요? 저 좀 도와주세요!"
　아가씨는 울먹거리며 소리쳤어. 때마침 우물가를 지나던 한 청년이 그 소리를 듣고는 우물로 다가왔지.

"아니, 어쩌다 그 안에 들어갔나요? 잠시만 기다려요."

청년은 두레박 줄을 힘껏 당겨 올려 아가씨를 구해 주었어.

"정말 감사해요. 덕분에 살았어요."

청년과 아가씨는 이 일을 계기로 사랑하는 사이가 되었어. 하지만 청년은 멀리 계신 부모님께 가던 길이었기 때문에 두 사람은 헤어져야 했어.

"부모님을 뵙고 와서 결혼합시다. 기다려 줄 수 있겠어요?"

"그럼요. 저는 변함없이 당신만 사랑하며 기다릴 거예요. 저 족제비를 우리 약속의 증거로 삼아요."

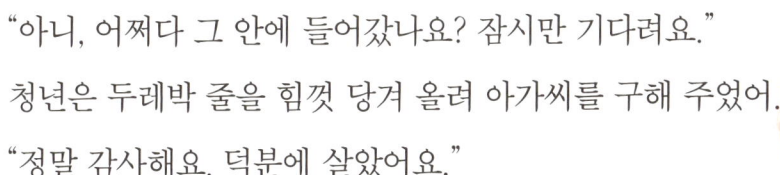

청년과 아가씨는 숲속의 족제비를 앞에 두고 서로의 사랑을 약속했어. 그리고 두 사람은 헤어졌지.

그후 몇 년이 흘러, 아가씨는 청년과의 약속을 생각하며 매일 기다리고 또 기다렸어.

한편, 청년은 아가씨와의 약속을 까맣게 잊어버리고는 다른 여자와 결혼하고 말았어. 그리고 남자아이를 낳고 행복하게 살고 있었지. 청년의 아이가 막 걸음마를 시작해 아장아장 걸을 때, 정원에서 걷다가 잠이 들었는데 갑자기 족제비 한 마리가 나타나서는 아이를 물었어. 그 바람에 아이는 그만 목숨을 잃고 말았지.

몇 년 후에야 청년은 아이를 잃은 슬픔을 이기고, 다시 아이를 낳았어.

그런데 어느 날 아이가 동네 우물가에서 놀다가 그만 실수로 우물 속으로 빠지고 말았어.

"아, 아니! 어떻게 이런 일이······!"

깊은 슬픔에 빠져 한참을 울던 청년은 갑자기 전의 약속이 생각났어.

"족제비, 우물······! 그렇지, 옛날 그 아가씨와 약속했지. 아, 내가 아주 큰 잘못을 했구나."

청년은 아내에게 모든 이야기를 털어놓고서는 아가씨를 찾아 떠났어. 자신만을 기다리고 있던 아가씨와 청년은 처음 약속대로 결혼하여 행복하게 살았단다.

**약속을 지킨다는 것은 참 어렵지만, 아주 중요한 일이야.
약속을 가볍게 여기는 사람이 되어서는 안 되겠지?**

하니 박사의 생태 이야기
족제비는 정말 사람을 물까?

▲ 족제비는 다리가 짧고 꼬리는 굵고 길어. 공격을 받으면 항문샘에서 지독한 냄새를 풍긴단다.

이야기 속에서 족제비는 약속을 지키지 않은 청년의 아이를 물어서 죽게 만들었어. 족제비는 실제로도 사람을 물까?

족제비는 팔다리가 짧고 몸통이 가늘어서, 겉모습만 보면 아주 귀여운 동물이야. 하지만 이 귀여운 겉모습만 보고 판단하기에는 이를 만큼, 성질이 사나워.

야생 족제비는 고기를 잡아먹고 사는 육식 동물로, 특히 쥐와 같은 설치류 동물을 잡아먹고 사는 쥐잡이 선수야. 그래서 옛날 지중해 지역에서는 쥐를 잡으려고 일부러 족제비를 키우기도 했단다.

족제비는 마치 집요한 사냥꾼 같군요.

족제비는 쥐뿐만 아니라 새나 물고기를 잡아먹기도 하고, 자기보다 몸집이 큰 토끼, 심지어는 뱀까지도 공격해. 또 옛날부터 사람들이 키우는 닭장 안의 닭들을 잘 잡아가던 동물로도 유명한데, 족제비는 사나운 데다 욕심도 많기 때문에 배가 불러 더 이상 잡아먹지 못한다 해도 닭장 안의 닭들을 모두 물어서 죽게 만들기도 한단다. 몸이 가늘어서 작은 구멍도 잘 오가기 때문에 족제비는 사람이 사는 집의 지붕 아래에 살거나, 논과 밭의 둑에 구멍을 파고 살기도 해. 그런데 실제로는 족제비가 사람을 일부러 공격할 일은 거의 없을 거야. 족제비는 경계심도 아주 강하고 행동이 매우 재빠르기 때문에, 낮에는 사람 눈에 잘 띄지 않거든. 그리고 아무리 사나운 성질을 지닌 족제비라고 해도 족제비의 최대 천적은 사람이기 때문에 함부로 덤비기는 쉽지 않을 거야. 사람들은 족제비의 꼬리털로 붓이나 화장 솔 등을 만들기도 한단다.

▲ 족제비과 중 몸집이 가장 작은 쇠족제비가 사냥하는 모습이야.

족제비가 똑똑한 동물이라고?

동물들을 마구잡이로 물어 죽이는 족제비가 어떻게 보면 잔인하고 포악하게 보일 수도 있겠지만, 어떤 동물이든 자기만의 생존 전략이 있는 것처럼 이 또한 족제비만의 생존 본능일 거야.

족제비는 사냥한 먹이를 바로 먹지 않고 숨겨 놓는데, 먹이를 숨겨 둔 곳을 기억하고는 다시 찾아가기도 해. 그리고 사람들이 일부러 설치해 놓은 함정을 알아채고 피해 가기도 하지. 닭장에 들어가 큰 수탉을 잡을 때는 닭의 목을 한 번에 물어 힘을 못 쓰게 한 뒤, 닭의 몸 아래로 들어간 채로 사람이 없는 곳까지 데리고 간다고 하니, 이 정도면 정말 똑똑한 동물이라고 할 수 있지?

족제비는 한번 물면 새가 하늘을 날아도 놓치지 않을 정도이지요.

◀ 새 위에 업혀서 날아가는 쇠족제비

사막 위의 희망

사막을 여행하던 아버지와 아들이 있었어. 긴 여행에 지칠 대로 지친 데다 아무리 걸어도 사막은 끝이 없었지. 준비해 온 식량도 떨어지고, 물 한 모금 마시지 못한 채 며칠을 가던 어느 날, 아들이 말했어.

"아버지, 이대로 가다가는 정말 쓰러져 죽겠어요."

아버지는 아들을 토닥이며 말했지.

"조금만 힘을 내렴. 조금 더 가면 분명 사람들이 사는 마을이 나올 거야."

또다시 사막 한가운데를 걷던 아버지와 아들은 저 멀리 하늘 위에 독수리 떼가 날아가는 것을 발견했어.

"아버지, 독수리예요. 분명 저 근처에 사람들이 사는 마을이 있겠죠?"

아버지와 아들은 독수리 떼가 날던 곳을 향해 걸었어. 그런데 막상 가 보니 그곳은 무덤가였지.

"마을이 아닌 무덤가라니! 우린 이대로 굶어 죽고 말 거예요."

절망한 아들에게 아버지가 말했지.

"무덤이 있다는 것은 살아 있는 사람들도 있다는 뜻이니, 포기하지 말고 더 힘을 내 보자꾸나."

아버지와 아들은 서로를 의지한 채 죽을 힘을 다해 다시 걸었어. 모래 언덕을 하나둘 지나고 거의 쓰러지기 직전인 아버지와 아들의 눈앞에 기적처럼 사람들이 사는 마을이 나타났지.

"아버지, 저기 마을이 있어요. 우리가 중간에 포기했다면 여기까지 오지 못했을 거예요."

 힘들고 지쳐서 모든 것을 포기하고 싶은 순간이라 해도 결코 희망의 끈을 놓아서는 안 돼.

하니 박사의 생태 이야기

독수리가 무덤 위를 맴도는 이유는?

▲ 독수리는 머리 꼭대기와 목덜미에 털이 없어.

'독수리' 하면 가장 먼저 어떤 모습이 떠오르니? 아마도 커다란 날개와 날카로운 발톱, 매서운 눈매와 금방이라도 먹이를 사냥할 듯한 커다란 부리를 떠올릴지도 몰라. 그런데 사실 독수리는 살아 있는 동물을 사냥할 줄 모르는 순한 동물이라는 것을 알고 있니?

재빨리 날아 살아 있는 먹이를 낚아채는 훌륭한 사냥꾼은 아마 검독수리일 거야. 독수리는 검독수리와 달라. 독수리는 우리나라에서 멸종 위기 야생 동물 2급이며 천연기념물로 보호받고 있는 아주 희귀한 동물이지. 살아 있는 동물을 사냥할 줄 모르면 뭘 먹고 사냐고?

독수리는 어릴 때부터 죽은 동물의 시체를 먹고 산단다. 만약 다친 동물이 발견되면 그 동물이 죽을 때까지 근처에서 기다리기도 하지. 독수리는 사냥을 하지 않기 때문에 부리나 발도 두툼하고, 발톱 길이도 그렇게 길지 않아. 그리고 머리 깃털이 듬성듬성해서 마치 대머리처럼 보이기도 해.

이야기 속에서 독수리가 무덤 위를 맴돈 이유도 아마 독수리가 죽은 동물의 시체를 찾기 위해서였을지도 몰라. 그런데 죽은 동물의 시체나 썩은 고기만 먹어도 독수리는 질병에 걸리지 않고 건강할 수 있을까? 사실 수리나 매와 같은 맹금류들은 고기를 먹기 때문에 몸속에

독수리가 생각보다 순한 동물이라니 놀랍네요.

◀ 죽은 동물을 먹고 있는 독수리와 큰부리까마귀야.

서 빠르게 소화시킬 수 있도록 강한 위산이 나와. 독수리도 강한 위산을 가지고 있는 데다가 면역 체계가 발달했기 때문에, 죽은 동물로 인한 질병에 걸리지 않고, 병균에 감염되지 않을 수 있는 거란다.

독수리는 적은 날갯짓으로 하늘 높이 올라가 다른 독수리나 맹수들이 움직이는 걸 보면서 먹이를 찾기도 하지요.

자연환경을 지키는 청소동물

독수리처럼 자연 상태에서 자연재해나 맹수의 공격으로 죽은 동물들을 먹고사는 동물들이 또 있어. 바로 하이에나, 까마귀, 까치, 송장벌레 등이 그런 동물들인데, 이런 동물들을 '청소동물'이라고 해. 죽은 동물을 깨끗하게 먹어 치움으로써 다른 질병이 전염되는 것을 막아 주기 때문에 그렇게 불리지. 죽은 동물의 근처를 기웃거리는 모습에 사람들은 청소동물을 기분 나쁘게 여길지도 몰라. 하지만 사실 청소동물들은 생태계에서 아주 중요한 역할을 하고 있는 거야. 죽은 동물의 시체를 말끔히 없애 주고 분해해서 자연으로 돌려보내면서 건강한 자연환경을 만들어 주니까 말이야.

▶ 송장벌레는 죽은 동물을 먹고 사는 청소동물이야. (왼쪽)
▶ 죽은 동물을 먹는 하이에나의 모습이야. (오른쪽)

긴 시간의 일과 짧은 시간의 일

아주 큰 토마토 농장이 있었어. 농장 주인은 토마토를 심고 거두기 위해 많은 일꾼을 두었지. 농장의 일꾼들은 아침 일찍부터 저녁까지 밭에서 토마토를 땄어. 그리고 하루 일이 끝나면 그날그날 품삯을 받아 갔지.

다른 날처럼 한창 토마토를 따는 일꾼들을 살피던 농장 주인의 눈에 유달리 토마토 따는 속도가 빠른 일꾼이 보였어.

농장 주인이 그 일꾼에게 다가가 물었지.

"당신은 왜 이렇게 빠른 속도로 토마토를 따고 있습니까? 그렇게 일하면 더 힘들지 않나요?"

그러자 그 일꾼이 대답했어.

"저는 다른 사람들처럼 오랜 시간 동안 일하기가 힘듭니다. 오전에 빨리 일을 끝내 놓고 많이 쉬어야 다음 날 다시 일을 할 수 있거든요."

농장 주인은 오후가 되자, 일꾼을 데리고 산책을 했어. 그 모습을 본 다른 일꾼들은 불만을 터뜨렸지.

"아니, 저 사람은 우리가 일하는 시간에 저렇게 피둥피둥 놀다니……!"

늦은 저녁이 돼서야 토마토 농장의 하루 일이 끝났고, 농장 주인은 일꾼들에게 품삯을 나누어 줬어.

일꾼들은 모두 똑같이 품삯을 받았지. 그런데 일꾼 중 하나가 짜증 섞인 목소리로 투덜대며 따졌어.

"아니, 우리는 새벽부터 저녁까지 일했는데, 아까 보니 저 사람은 오후 내내 빈둥거리며 노는 걸 보았소. 그런데도 왜 우리와 똑같은 품삯을 받는 겁니까? 이건 너무 불공평하죠!"

그러자 여기저기서 불만을 터뜨리며 맞장구를 쳤지.

일꾼들의 불만에 농장 주인이 말했어.

"이 사람은 당신들이 일한 만큼 똑같이 일했소. 일한 시간은 다를지 몰라도 일한 양은 똑같아요. 당신들이 하루 종일 딴 토마토의 양과 저 사람이 짧은 시간 안에 딴 토마토의 양은 같습니다. 시간의 양이 중요한 게 아니라, 얼마나 집중해서 일하느냐가 더 중요하단 말이오."

농장 주인의 말을 듣고 난 일꾼들은 더 이상 불만을 터뜨릴 수가 없었단다.

 긴 시간 동안 게으름을 피우면서 한 일과, 짧은 시간 안에 부지런히 한 일 중 어떤 것이 더 가치 있다고 생각하니?

하느 박사의 생태 이야기

토마토는 과일일까, 채소일까?

토마토가 단맛은 없지만, 영양은 정말 풍부하죠.

토마토는 우리 생활 속에서 아주 여러 모로 쓰여. 주로 이탈리아 요리인 스파게티나 피자에 빠지지 않을 뿐 아니라, 통조림을 만들거나 주스를 만들어 먹기도 하고 각종 샐러드에도 빠지지 않고 들어가지.

토마토는 햇빛이 많고 따뜻한 곳에서 잘 자라기 때문에 미국과 유럽 남부 쪽에서 많이 재배돼. 그리고 에스파냐에서 수십 톤의 토마토를 던지며 마치 전쟁을 방불케 하는 토마토 축제는 세계적으로도 아주 유명하지. 토마토는 무엇보다 그 영양가 때문에 사람들로부터 많은 사랑을 받고 있어. 비타민과 무기질이 가득할 뿐만 아니라, 열량도 적고 식이 섬유가 많이 들어 있기 때문에 다이어트에도 좋은 건강식품으로 널리 알려져 있어. 그런데 포도나 사과, 귤만큼 토마토는 즐겨 먹는 친구가 많지 않을지도 몰라. 토마토는 다른 과일들처럼 아주 단맛을 내지는 않으니까 말이야.

그렇다면 토마토는 과일이 아니라 채소일까? 우리가 흔히 알고 있는 과일은 달달한 알맹이나 과즙이 풍부한 식물의 열매야. 식물학 분야에서는 씨방이나 꽃이 자란 것을 과일로 분류하는 반면, 농학 분야에서는 먹을 수 있는 열매를 수확하기 위해 키우는 나무의 열매를 과일로 분류해. 그런 점에서 토마토는 식물학에서 보면 과일이지만, 농학에서 보면 채소야.

밭에 심어서 가꿔 먹는 식물이기 때문이

▲ 토마토는 가지과의 한해살이 식물이야.

◀ 토마토는 음식 재료로 다양하게 쓰인단다.

지. 토마토는 과일과 채소의 특징을 모두 가지고 있긴 하지만, 단맛을 내는 당분이 아주 적기 때문에 채소에 더 가깝다고 보기도 한단다.

토마토의 빨간색을 내는 성분이 암을 예방하는 효과가 있다고 해요. 짙은 빨간색일수록 이 성분이 많이 들어 있답니다.

과일과 헷갈리는 채소들

토마토처럼 과일인지 채소인지 헷갈리는 게 또 있어. 바로 참외, 수박, 딸기야. 참외, 수박, 딸기는 맛과 향이 좋아서 우리가 즐겨 먹는 과일이라고 생각해 온 사람이 많을 거야. 하지만 수박, 참외, 딸기는 나무의 열매가 아니라 밭에서 심어 가꾼 식물이기 때문에 열매채소에 속해. 토마토나 수박처럼 열매를 먹는 열매채소에는 고추, 오이, 호박 등이 있어. 채소는 주로 일년생이기 때문에 해마다 심는데, 뿌리, 잎, 줄기, 꽃 등 식물의 각 부분이 모두 채소에 속해. 상추나 배추, 시금치, 양배추 같은 것은 잎줄기를 먹는 잎줄기채소야. 고구마, 감자, 당근, 무처럼 뿌리를 먹는 것은 뿌리채소란다.

▲ 참외(왼쪽)는 열매채소, 고구마(가운데)는 뿌리채소, 양배추(오른쪽)는 잎줄기채소야.

좋은 영향을 주는 사람

어느 마을에 마음씨 착한 아가씨가 살았어. 마을의 가장 성실하고 친절하기로 소문난 청년은 아가씨의 착한 마음씨에 반했고, 두 사람은 결혼을 했지.

"둘 다 착한 신랑 신부이니, 정말 복 받고 잘살 거야."

마을 사람들은 하나같이 입을 모으며 두 사람을 축복했어.

그렇게 두 사람은 행복하게 잘 사는 듯했지. 그런데 우연히 사소한 다툼이 생기면서 두 사람은 사이가 나빠지기 시작하더니, 결국 헤어지고 말았단다.

성실한 청년은 다시 마을의 다른 아가씨와 결혼을 했어. 그리고 마음씨 착한 아가씨도 마을의 다른 청년과 결혼을 했지.

그런데 하필 성실한 청년은 마을에서 심성이 아주 고약하기로 소문난 여인과, 그리고 마음씨 착한 아가씨는 마을에서 행패 부리기로 이름난 남자와 결혼을 한 거야.

"아니, 어쩌다 착한 두 사람이 저런 못된 사람들과 다시 결혼을 했을까요? 쯧쯧……."

마을 사람들은 한동안 수군거렸지.

세월이 흘러, 심성이 고약하기로 소문난 여인과 결혼한 성실한 청년은 아내를 꼭 닮은 고약한 심성을 그대로 닮았어. 한편 마을 사람들에게 행패만 부리던 남자는 마음씨 착한 아가씨와 결혼한 후, 어느새 착한 사람이 되었단다.

부부 사이든, 부모와 자식 사이든, 친구 사이든 상대방에게 좋은 영향을 끼치는 사람이 된다면 좋겠지?

하니 박사의 생태 이야기
수컷보다 암컷이 더 강한 동물은?

▲ 하이에나는 큰 무리를 이루며 살아가는데, 암컷이 무리의 우두머리 역할을 해.

하이에나는 무리끼리의 협동력이 대단하네요.

일반적으로는 남자가 여자보다 신체적으로 힘이 세지만, 누가 더 우월하다고 말할 수는 없어. 간혹 가족들에게 영향을 더 많이 끼치는 사람이 아빠 또는 엄마일 경우도 있지만 말이야. 그렇다면 동물의 세계는 어떨까? 여자의 영향력을 강조한 탈무드 이야기처럼 혹시 동물 중에서도 수컷보다 암컷이 더 많은 영향력을 끼치는 경우가 있을까?

동물들은 암컷과 수컷의 생김새가 다르고, 몸집도 달라. 동물마다 다르긴 하겠지만, 보통 암컷보다 수컷의 몸이 더 크지. 그런데 수컷보다 암컷의 덩치가 더 클 뿐만 아니라, 암컷이 무리의 우두머리인 동물이 있어. 바로 아프리카 초원을 누비며 사는 하이에나야. 하이에나는 어떻게 보면 개처럼 생겼고, 어떻게 보면 큰 고양이처럼 보이기도 하는데 암컷은 수컷보다 덩치가 20% 이상이나 더 커. 그래서 다 자란 암컷 하이에나는 몸 크기가 표범만 한데, 어떤 하이에나는 사자만큼 크기도 해.

하이에나는 무리 지어 집단생활을 하는 동물인데, 동물들 중에서 가장

▲ 서열이 높은 하이에나부터 먹이를 먹는단다.

크게 무리를 이루며 살아. 하이에나의 암컷 우두머리는 이렇게 큰 무리를 거느리는 거지. 하이에나는 철저하게 이 암컷 우두머리의 지휘를 따르며 집단생활을 하는데, 서열을 철저하게 지키기 때문에 함께 먹이를 사냥해도 서열이 높은 하이에나부터 먹이를 먹지. 하이에나 암컷 우두머리의 새끼 중 암컷은 어미의 지위를 그대로 물려받기 때문에 자라서 다시 무리의 우두머리가 된단다.

그렇지만 우두머리가 갑자기 죽기라도 하면 무리가 뿔뿔이 흩어지기도 한답니다.

모계 중심 사회의 동물, 코끼리

무리의 우두머리가 암컷인 하이에나처럼, 코끼리도 암컷들이 무리를 지어 생활하며 여왕 코끼리의 명령에 따라 살아가는 모계 중심 사회의 동물이야. 암컷 코끼리들은 새끼들을 함께 키우거나, 코끼리 무리 중에 문제가 생기면 힘을 합해 문제를 해결하지. 코끼리 수컷도 함께 어울려 살다가 13세 정도가 되면 무리에서 벗어나 홀로 생활을 하고, 번식기가 되면 다시 암컷 무리를 찾아와. 보통 코끼리 무리의 우두머리는 나이가 가장 많은 암컷이 되는데, 만약 우두머리의 명령에 따르지 않는 수컷이 있다면 암컷 코끼리들은 힘을 합해 이 수컷 코끼리를 혼내 준단다.

▲ 코끼리는 암컷이 무리를 이끌어.

족제비에게 얻은 교훈

평화롭던 한 마을에 어느 날부터 집집마다 도둑맞는 일이 잦아졌어. 하지만 도둑맞은 물건도, 도둑도 찾을 길이 없었지. 마을 사람들은 지혜롭기로 이름난 재판관을 찾아갔어.

"마을에 도둑맞는 일이 너무 자주 일어나는데, 도둑을 잡을 길이 없으니 어떻게 하면 좋겠습니까?"

마을 사람들 이야기에 며칠을 고민하던 재판관은 어느 날 시장에 나가, 시장에서 팔리는 물건들을 찬찬히 둘러보았어. 그러다가 뭔가를 눈치채고는 마을 사람들을 모아 놓고 말했지.

"자, 이 족제비를 잘 보십시오."

재판관은 족제비 한 마리를 데려와 족제비에게 작은 고기를 한 조각 주었어. 족제비는 얼른 고기를 물고는 자기가 사는 작은 굴속에 감추었지. 재판관은 그 구멍을 막고 아까 주었던 것보다 더 큰 고깃덩이를 족제비에게 주었어. 이번에도 족제비는 고깃덩이를 물고 굴로 갔지만, 굴이 막혀 있는 것을 알고 재판관에게 다시 돌아와 고깃덩이를 내려놓고는 가 버렸지. 고깃덩어리를 탐내던 족제비도 고기를 어찌할 수 없으니 재판관에게 도로 내놨던 거야.

그 모습을 본 마을 사람들은 하나둘 뭔가 알았다는 듯한 얼굴로 시장으로 달려갔어. 그리고 시장 물건들을 샅샅이 살펴보더니 자신들이 도둑맞았던 물건들을 모두 찾아냈단다.

등잔 아래가 어둡다고, 때로는 바로 눈앞의 일들도 알아채지 못할 때가 있어. 주변을 살피며 깊이 생각하는 습관을 가져 보렴.

하니 박사의 생태 이야기

동물들이 먹이를 저장하는 이유는?

먹이가 부족할 것을 대비해 먹이를 저장해 두다니 정말 똑똑하네요.

이야기 속에서 족제비가 자신의 먹잇감을 작은 굴속에 넣어 두었던 것처럼 먹이를 저장해 두고 먹는 동물들이 있어.

도토리를 들고 잽싸게 나무를 오르는 귀여운 다람쥐가 바로 먹이를 숨겨 두는 동물이야. 다람쥐는 추운 겨울을 보내기 위해 나무나 바위 밑, 땅속 깊이 굴을 파고 포근한 보금자리를 만들어. 그리고 보금자리 가까이에 먹이를 저장해 둘 창고를 만들어서 겨울 동안 먹을 씨앗이나 열매, 즉 도토리나 땅콩 같은 먹이들을 저장해 두지.

다람쥐는 몸 중에 특히 볼주머니가 발달했는데, 먹이를 저장하려고 옮길 때 바로 이 볼주머니를 이용해. 작은 열매나 씨앗을 발견하면 이 볼주머니에 넣어서 먹이 저장소까지 이동하지. 너무 커서 볼주머니에 들어가지 않는 큰 나무 열매는 잘라서 볼주머니에 넣은 다음 이동해.

다람쥐는 겨울잠을 자다가 깨어 저장해 둔 먹이를 먹고 다시 자곤 한단다. 혹시 다람쥐가 먹이를 저장해 둔 저장소를 잊어버리고 찾지 못할 수도 있을까? 먹이 저

▼▶ 다람쥐는 볼주머니가 볼록해지도록 볼주머니에 먹이를 저장해.

102

▲ 청서는 회색빛 몸에 다리와 귀의 긴 털이 검어.

장소가 눈에 덮여도 다람쥐는 잘 찾아내긴 할 테지만, 간혹 저장소를 잊어버리기도 하고 또 숨겨 둔 먹이를 누군가 꺼내 먹어 버려서 잃어버리기도 해.
　우리가 흔히 '청설모'라고 부르는 청서도 다람쥐과에 속하는 동물이야. 그래서 다람쥐처럼 도토리, 잣, 밤 같은 나무 열매들을 땅속이나 바위 구멍, 나뭇가지 틈새 등에 틈틈이 저장해 놓는단다.

고기를 먹는 동물 중에 여우도 먹이를 저장해 두곤 한답니다.

먹이를 저장하는 새, 어치

다람쥐나 청서처럼, 먹이를 저장하는 새도 있어. 바로 '어치'야. 어치는 산에 사는 까치라고 해서 '산까치'로 불리기도 하는데, 땅에 구멍을 파서 콩이나 도토리 같은 먹이를 저장해 두지. 먹이를 저장할 때에는 다람쥐가 볼주머니에 먹이를 담아 옮기는 것처럼, 어치는 목 부위에 먹이를 담아서 옮겨.
어치는 구멍을 낸 땅속에 먹이를 한 알씩 넣고 아무도 알 수 없게 그 위에 마른 잎이나 이끼 등으로 덮어 두지. 어치는 이렇게 여러 곳에 먹이를 저장해 두는데, 기억력이 꽤 좋아서 숨겨 둔 먹이를 곧잘 찾아낸단다.

▲ 어치는 다른 새들의 소리를 잘 흉내 내는 새야.

병아리의 부화

머리가 아주 좋은 남자가 있었어. 남자는 주변 일들에 항상 호기심을 가지고 관찰했지. 어느 날 남자가 길을 걷다가 농장에서 암탉 한 마리가 알을 품고 있는 모습을 보았어.

'저 알에서 어떻게 병아리가 나오는 걸까?'

그날 이후 남자는 매일 암탉을 지켜보았는데, 몇 달이 지나자 알을 깨고 병아리가 나왔지.

"아하, 햇볕과 뜨거운 물을 이용해 온도를 계속 유지해서 병아리가 알을 깨고 나오는 시설을 만들면 큰돈을 벌 수 있겠어!"

남자는 전 재산을 털어서 병아리를 부화시키는 기계를 만들었어. 그 모습을 본 마을의 어른이 말했지.

"생명이 이런 기계로 만들어지는 게 아니라네. 알에서 병아리가 나오려면 어미 닭 깃털의 따스함과 적당한 습도도 필요한 법이지. 이런 시설로 성공한 사람이 있는지는 알아보았나?"

남자는 어른의 말을 한 귀로 듣고 한 귀로 흘려 버렸어.

'내가 얼마나 똑똑한지 몰라서 하는 말이지. 오늘부터 갓 낳은 달걀을 기계에 넣어 성공한 것을 보여 주자.'

남자는 싱싱한 달걀을 기계에 넣고는 병아리가 나오기만을 기다렸어. 그런데 하루가 지나고 이틀이 지나도 아무 소식이 없고, 급기야 달걀은 썩어 버렸지. 더 싱싱한 달걀을 넣어도 결과는 마찬가지였어.

결국 전 재산을 시설에 쏟아 부은 남자는 망하고 말았단다.

 세상에 완벽한 사람은 없어. 아무리 똑똑한 사람도 다른 사람의 충고나 조언에 귀 기울일 줄 알아야 해.

하니 박사의 생태 이야기

어미 새가 품지 않아도 부화되는 알이 있을까?

다른 새에게 자식을 맡기다니 얌체 같지 않나요?

　기계로 닭의 알을 부화한다는 게 어쩌면 처음부터 무리한 생각이었을지 몰라. 모든 새들이 그러하듯이, 이야기 속 동네 어른의 말처럼 알을 깨고 병아리가 나오려면 어미 새의 따스한 체온과 보살핌이 필요한 법이니까 말이야.

　그런데 새 중에는 어미가 품지 않아도 부화하는 새들이 있다는 것을 알고 있니? 이 새들은 아예 처음부터 자기 둥지도 짓지 않고, 다른 새의 둥지에 몰래 알을 낳아 다른 새가 자신의 새끼를 키우게 하지. 어떻게 보면 뻔뻔해 보일지도 모르는 이런 새들의 습성을 '탁란'이라고 해.

　탁란을 하는 새로는 두견과와 오리과에 속하는 새들이 있는데, 그중 유명한 새가 바로 '뻐꾸기'야. 뻐꾸기는 보통 붉은머리오목눈이의 둥지에 알을 낳아.

　뻐꾸기 수컷이 망을 보는 사이 암컷 뻐꾸기는 다른 새의 둥지에 둥지 주인인 어미 새가 잠시 둥지를 비운 사이 재빨리 자신의 알을 낳아. 그리고 뻐꾸기는 그 둥지 안에 있던 둥지 주인의 알을 물고 나온단다. 또 뻐꾸기는 자신이 몰래 알을 낳는 둥지 주인의 새알과 모양이나 색이 비슷한 알을 낳기 때문에, 둥지의 원래 주인인 어미 새는 눈치채지 못할 가능성이 더 크

▲ 두견과의 새인 뻐꾸기는 두견과 비슷하지만 몸 크기가 훨씬 커. 초여름에 남쪽에서 날아오는 여름 철새란다.

◀ 커다란 몸집의 뻐꾸기에게 먹이를 주는 붉은머리오목눈이 어미야.

지. 뻐꾸기 알은 다른 새들의 알보다 먼저 부화되기 때문에, 알에서 먼저 깨어나 둥지 안 다른 새의 알을 밀어내기도 해. 그래야 자신이 살아남을 가능성이 커질 테니까 말이야. 붉은머리오목눈이 둥지에서 자라난 뻐꾸기는 자라서 다시 붉은머리오목눈이 둥지에 알을 낳는단다.

뻐꾸기 같은 새들의 탁란이 항상 성공하는 것은 아니에요. 모든 새들이 뻐꾸기 알을 키우지는 않으니까요. 자신의 알이 아닌 것을 알고 깨거나 제거해 버리기도 한답니다.

땅의 온기로 깨어나는 알

어미 새가 직접 알을 품어 부화시키지 않고, 다른 방식으로 깨어나는 알도 있어. 바로 오스트레일리아에 사는 무덤새야. 이 무덤새는 암컷과 수컷이 함께 흙과 낙엽 등을 모아 아주 커다란 무덤 모양을 만들어. 그리고 그 무덤 꼭대기에 암컷이 알을 낳는데, 알을 품지는 않아. 대신 태양열과 땅의 열로 알이 부화되지. 무덤새 수컷은 수시로 알이 있는 무덤 주위를 돌면서 온도를 확인하고 흙을 더 덮거나 파내는 식으로 온도를 조절해. 하지만 알에서 깨어난 새끼를 무덤새 수컷은 알아보지 못하기 때문에 새끼들은 태어나자마자 잽싸게 도망가 혼자 살아간단다.

▲ 무덤 모양의 둥지를 짓는 무덤새

달라지는 혀의 가치

어느 마을에 맛있고 귀한 음식을 즐겨 먹는 부자가 있었어.

"아, 좀 더 맛있는 음식이 없을까?"

부자는 하인에게 시장에 가서 가장 맛있는 것을 사 오라고 했어. 하인은 시장에서 사 온 재료로 부자에게 요리를 해 주었지. 음식을 맛본 부자가 물었어.

"음, 여태 한 번도 먹어 본 적이 없는 맛인데? 이건 무엇인가?"

그러자 하인이 대답했지.

"소의 혀입니다."

"뭐? 이게 시장에서 가장 맛있는 것이라고? 좋아, 그렇다면 이번에는 시장에서 가장 싼 것을 사 오게."

하인은 시장에서 다시 소의 혀를 사 와서는 부자에게 요리를 해 주었지. 음식을 맛본 부자가 말했어.

"아니, 이건 저번에 먹었던 것과 같은 것이지 않나?"

"네, 이것도 소의 혀입니다."

하인의 말에 부자가 의아하다는 듯이 물었지.

"지난번에 가장 맛있는 것을 사 오라고 했을 때도 소의 혀, 가장 싼 것을 사오라고 했을 때도 소의 혀를 사 온 이유가 대체 무엇인가?"

그러자 하인이 차분히 대답했어.

"잘 사용하는 혀는 무엇보다 훌륭하고 달콤하지만, 마구 사용하는 혀는 그 무엇보다 값어치 없고 형편없기 때문이지요."

하인이 말하는 혀의 가치는 말의 중요함을 뜻해. 같은 입에서 나오는 말이라 해도 신중하고 귀한 말은 좋은 영향을, 함부로 내뱉는 말은 나쁜 영향을 끼친단다.

하늬 박사의 생태 이야기

동물들의 혀도 제각각이라고?

▲ 긴 혀로 나뭇잎을 먹는 기린이야.   ▲ 개구리는 긴 혀로 순식간에 먹이를 잡아먹지.

우리는 혀가 있기 때문에 맛을 느낄 수 있고, 말을 할 수 있어.
 사람의 혀를 자세히 보면 오톨도톨한 아주 작은 돌기들이 있는데, 이 돌기들로 인해서 단맛, 쓴맛, 신맛, 짠맛, 매운맛 등을 느낄 수 있는 거야. 그렇다면 동물들의 혀는 어떨까?

혀로 맛을 느끼지 않는 동물도 있나요?

동물마다 혀의 생김새도 역할도 조금씩 달라. 반려동물로 많이 키우는 개의 경우, 혀를 길게 내밀며 헉헉거릴 때가 있는데 이것은 체온을 조절하기 위해서야. 개는 사람처럼 피부에 땀구멍이 없기 때문에 침을 혀로 증발시켜서 체온을 낮추지. 고양이의 혀도 자세히 보면 혀에 가시처럼 생긴 까칠까칠한 돌기들이 있는데, 고양이는 마치 빗으로 빗는 것처럼 이 까칠까칠한 혀로 자기 몸의 털을 빗어. 목이 긴 기린은 혀도 아주 길어서 긴 혀로 얼굴에 붙은 벌레를 떼어 내거나, 귓속도 청소할 수 있어. 긴 혀 하면 개미핥기도 빠질 수 없는데, 개미핥기는 개미굴 속에 있는 개미들을 훑기 좋게 혀가 길고 끈적끈적해. 개구리나 카멜레온도 긴 혀로 날아다니는 벌레를 날름 잡아먹지. 뱀은 혀끝이 갈라져 있는데,

▲ 고양이는 까끌까끌한 혀로 털을 빗어.　▲ 개는 혀로 체온을 조절한단다.　▲ 뱀의 혀끝은 두 갈래로 갈라져 있어.

혀를 움직이면서 공기 중에 있는 냄새를 혀끝에 묻혀서 입천장에 대면 냄새를 알 수 있다고 해. 눈이 툭 튀어나온 도마뱀은 눈의 먼지를 혀로 핥아내기도 하지. 새나 물고기 같은 동물들은 어떨까? 사실 새나 물고기의 혀는 거의 본 적이 없을 거야. 대부분 혀가 거의 퇴화되었거든. 단, 사람의 말을 곧잘 흉내 내는 앵무새는 혀가 발달된 편이란다.

> 나비는 맛을 느끼는 감각 세포가 다리에 있어서 다리로 맛을 알 수 있답니다.

특정한 맛을 못 느끼는 동물

여러 가지 맛 중에 특정한 맛을 못 느끼는 동물들이 있어. 고양이는 단맛을 느끼지 못하는데, 그 이유는 고양이가 원래 주로 육식을 하는 동물이기 때문에 굳이 단맛을 느끼지 않아도 되게끔 진화해 왔기 때문이야. 육식 동물인 사자나 호랑이도 마찬가지야.

추운 곳에서 사는 펭귄은 단맛, 쓴맛, 감칠맛을 느끼지 못한다고 해. 아마도 추운 지역에 적응하는 과정에서 맛을 느끼는 기능이 퇴화된 것일 수도 있고, 펭귄은 음식을 통째로 삼키기 때문에 맛을 느낄 필요가 없어서 퇴화된 것일 수도 있다고 추측한단다.

▶ 퇴화한 펭귄의 혀야.

둘이면 할 수 있는 일

한 마을에 귀한 과일이 열리는 나무를 가진 사람이 있었어. 나무 주인은 누군가 귀한 과일을 훔쳐 갈까 봐 나무를 지킬 일꾼조차 두지 못했지. 그러다 어느 날 좋은 생각을 떠올렸어.

"맹인과 절름발이가 나무를 지키면 과일을 절대 딸 수 없을 거야."

나무를 지키던 맹인과 절름발이는 귀한 과일의 맛이 궁금했어.

"저 나무에 열린 열매가 진짜 세상에 없는 귀한 맛이라는데, 궁금하지 않아? 딱 하나만 따서 먹어 보면 좋겠어."

맹인의 말에 절름발이가 말했지.

"하지만 너는 앞을 보지 못하고 나는 제대로 걷는 것도 힘든데 어떻게 과일을 딸 수 있겠어?"

맹인은 무릎을 치며 말했어.

"이렇게 하면 되겠다. 내가 엎드릴 테니 내 어깨 위에 네가 올라타는 거야. 그리고 손을 쭉 뻗어 과일을 따면 되지!"

다음 날 아침, 나무 주인은 과일이 없어진 것을 알고는 크게 화를 내며 따져 물었어.

"과일을 지킨 것은 당신들뿐이오. 당신들이 내 과일을 딴 거죠?"

그러자 맹인이 억울하다는 표정으로 말했어.

"저는 앞을 볼 수 없어 과일이 어디에 달려 있는지도 모르고, 저 친구는 다리가 성치 않아 나무에 오를 수 없는데 어떻게 과일을 딴단 말입니까? 저희는 절대 아닙니다."

나무 주인은 분했지만, 더 따져 물을 수가 없었단다.

남의 과일을 몰래 딴 맹인과 절름발이의 행동은 옳지 않지만, 하나보다 둘의 힘은 이렇게 불가능한 것도 가능하게 만드는 법이란다.

하늬 박사의 생태 이야기

키가 가장 큰 나무는?

▲ 가을이 되면 노란 은행잎으로 거리를 장식하는 은행나무야.　▲ 우리나라에서 가장 큰 용문사 은행나무야.

은행나무 열매에서는 왜 독특한 냄새가 날까요?

　　이야기 속에서 귀한 열매가 자라는 나무는 아마도 두 사람의 키를 합친 것보다는 키가 작았나 봐. 만약 키가 엄청나게 큰 나무였다면 아무리 두 사람이 힘을 합해도 열매를 딸 수가 없었을 테니까.
　　나무들은 종류마다 키도 다 제각각이야. 빛과 물만 충분하다면 나무는 하늘을 향해 아주 잘 자라. 그래서 나이가 아주 많은 나무들도 있어. 그럼 어떤 나무가 가장 키가 클까?
　　우리나라에서 자라는 나무 중에 아주 오래 살면서도 키가 큰 나무 종류로는 소나무, 느티나무, 은행나무 등이 있어. 이 중에서도 특히 은행나무가 가장 크게 자란단다. 은행나무는 생명력이 아주 강한 나무야. 가을이 되면 길가에 노란 은행잎으로 장식한 가로수를 많이 봤을 거야. 은행나무는 도시의 탁한 공기를 맑게 정화시켜 줘. 또 은행나무의 열매인 은행은 사람들이 즐겨 먹기도 하고 약의 재료로도 널리 쓰이지. 우리나라에서 가장 큰 은행나무는 경기도 양평의 '용문사'라는 절에 있

▲ 미국 레드우드 국립공원의 세쿼이아야.

는 은행나무야. 이 나무는 신라 시대 때 심은 나무라고 전해지는데, 키가 무려 67미터에 이르고, 나무 둘레만 해도 15미터가 넘어. 우리나라뿐 아니라 동양에서 가장 키가 큰 은행나무이지. 신라 시대에 심은 나무니까 그 나이만 해도 1100년이 넘었으니 그야말로 살아 있는 전설이지.

그렇다면 세계에서 가장 큰 나무는 어떤 나무일까? 미국의 레드우드 국립공원에 있는 세쿼이아는 키가 무려 110미터가 넘는다고 하니, 어마어마하지?

은행나무 열매에서 냄새가 나는 건 은행이 천적으로부터 열매를 지키고, 씨를 멀리 운반할 동물을 끌어들이기 위한 전략이지요.

세상에서 가장 작은 나무

사람도 키가 큰 사람이 있는가 하면 작은 사람이 있듯이, 나무도 키가 큰 나무가 있고 작은 나무가 있어. 그럼 어떤 나무가 키가 가장 작고, 또 얼마나 작은 걸까? 바로 '암매'가 그 주인공이야. 꽃이 매화와 닮아 '돌매화나무'라고도 한단다. 보통 다 자라도 키가 1~2센티미터밖에 안 되고 최대로 큰 나무라고 해도 10센티미터가 안 된다고 해. 암매는 키가 작지만 생명력이 아주 강하고 여름에는 하얀 꽃을, 가을에는 열매까지 맺지. 우리나라에서는 제주도 한라산 정상 가까이의 바위에서 자라는데, 아주 보기 드물단다.

▶ 암매의 줄기는 한군데서 뭉쳐나고, 빽빽하게 잎이 자라지.

모기와 미치광이

한 나라가 이웃 나라와 치열한 전쟁을 벌이고 있었어. 두 나라의 힘은 막상막하여서 쉽게 전쟁이 끝나지 않았지. 왕은 어떻게 하면 이웃 나라를 항복시킬까 고민했어.

'그래! 적군의 최고 우두머리를 찾아가서, 그가 모르는 사이에 그의 칼을 훔쳐 오는 거야. 우리가 쥐도 새도 모르게 적장의 칼을 훔쳤다는 사실을 알면 우리를 두려워할 거야. 이번 기회에 적군의 기를 확 꺾어 놓자.'

왕은 기회를 노리다가, 흐린 어느 날 깊은 밤에 변장을 하고는 이웃 나라 적장이 잠자고 있는 막사에 몰래 숨어들어 갔어.

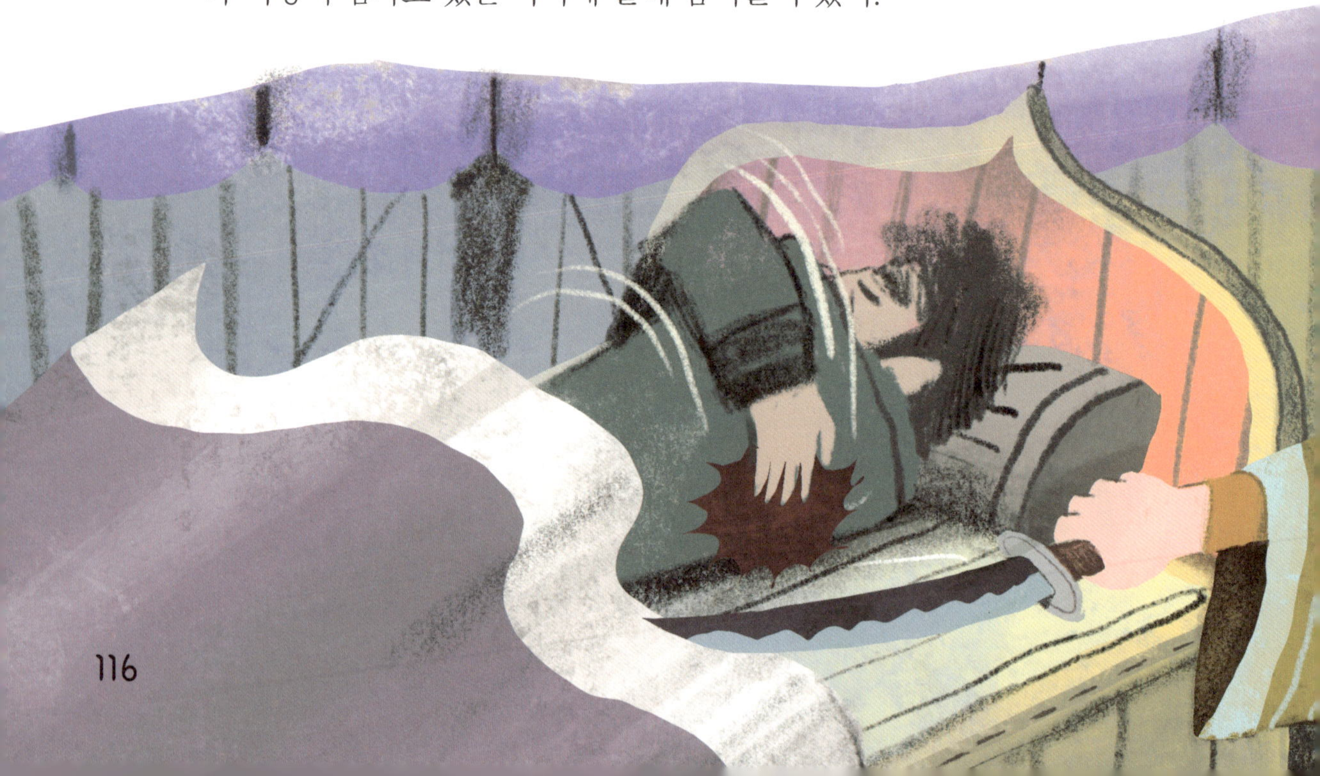

적장은 아무것도 모르고 코까지 골며 곤히 자고 있었지. 그런데 하필 적장은 등 밑에 칼을 둔 채로 자고 있었어.

'아, 저 칼을 어떻게 빼낸담? 조금만 건드려도 적장이 깨어날 텐데, 어떻게 하면 좋지?'

왕은 이러지도 저러지도 못하고 한참을 고민했어. 그러다가 결국 포기하고 돌아서려던 참이었지. 바로 그때였어.

"애앵!"

어디선가 나타난 모기 한 마리가 적장의 몸에 앉더니 몸을 물었어. 적장은 모기에게 물려 몸이 가려운지 몸을 뒤틀며 벅벅 긁었지. 왕은 적장이 몸을 뒤튼 순간을 놓치지 않고 얼른 칼을 빼냈어.

'휴, 모기 덕분에 살았다!'

왕이 안도의 한숨을 내쉬고는 칼을 몰래 빼내서 막사를 빠져 나가려고 할 때였어.

"거기, 넌 누구냐! 넌 누군데 적장의 방에서 나오는 거지?"

막사 밖을 지키던 이웃 나라 병사에게 들키고 만 거야. 순간 왕은 어떻게 해야 할지 몰라 당황했어. 자신이 왕인 걸 알면 그 자리에서 목숨을 잃을 게 뻔했지. 어쩔 줄 몰라하던 왕의 머릿속에 좋은 생각이 떠올랐어.

왕은 미친 사람처럼 실실 웃다가 마구 울더니, 이웃 나라 병사를 붙잡고는 무슨 말인지 알 수 없는 말을 중얼거리기 시작했어.

"뭐, 뭐야? 웬 미친 사람이 여기 들어와서 난리야? 어서 썩 나가!"

이웃 나라 병사는 왕을 쫓아냈지.

왕은 정체를 들킬까 봐 미치광이 흉내를 냈던 거야.

'후유, 미친 척해서 간신히 살았다!'

모기나 미친 사람이나 어떻게 보면 어디에 쓸모가 있을까 싶기도 하지만 예상치 못한 상황에서 왕은 그 덕분에 목숨을 구할 수 있었어.
세상에 쓸모없는 것은 없단다.

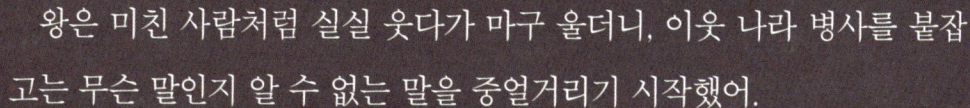

하늬 박사의 생태 이야기

세상에서 가장 무서운 동물이 모기라고?

한여름 밤, 앵앵거리는 모기 소리에 잠 못 이룬 기억이 한 번이라도 있는 사람이라면 이야기 속 상황에 누구보다 공감할 거야.

모기는 지구에 약 8만 년 전부터 살던 곤충으로, 짝짓기를 하고 알을 낳으며 영양분을 섭취하기 위해 암컷 모기가 동물의 피를 빨아 먹어. '애앵' 소리를 내며 바늘처럼 긴 입으로 다른 동물의 피부를 찔러 상처를 내고 침을 넣어 피를 묽게 만들지. 그리고는 자기 몸무게의 세 배나 되는 양의 피를 빨아 먹어. 문제는 이 과정에서 모기가 여러 바이러스와 기생충 등을 옮겨 질병을 일으킨다는 거야. 몸 크기는 아주 작지만 전 세계에서 한 해에만도 72만 명이 넘는 사람이 모기에 물려서 말라리아, 일본뇌염, 뎅기열, 황열병 등으로 목숨을 잃기 때문에 세상에서

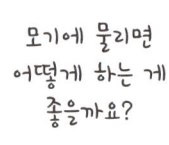

모기에 물리면 어떻게 하는 게 좋을까요?

▲ 사람의 피를 빨아 먹고 있는 얼룩날개모기야.

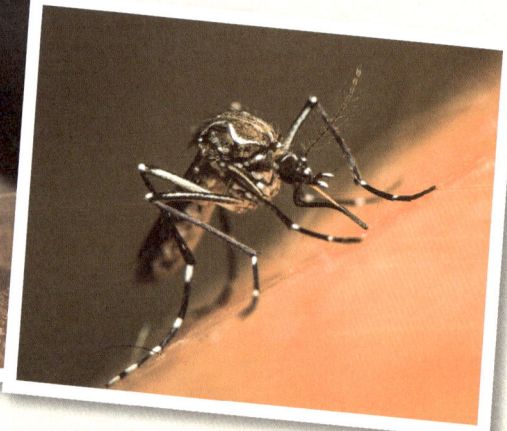

▲ 이집트숲모기는 지카 바이러스를 옮기는 모기로 알려져 있어.

가장 무서운 동물로 꼽히기도 해.

　우리나라에서는 '학질'이라고도 알려진 열병인 말라리아는 얼룩날개모기를 통해 감염돼. 말라리아 증세가 심각해서 합병증이 생기면 중추 신경계에 이상이 와서 경련을 일으키거나 정신 분열증 같은 증세가 생기기도 하지. 일본뇌염은 빨간집모기를 통해 전염되는데, 고열과 두통 등을 일으키기도 하고, 특히 면역이 약한 어린아이나 노인의 경우에는 심하면 혼수상태나 호흡 마비를 일으켜 목숨을 잃게 만드는 무서운 병이야. 마찬가지로 고열과 두통 등을 일으키거나 피부 발진 등을 일으키는 뎅기열은 이집트숲모기를 통해 전염되고 있단다. 이러니 모기를 세상에서 가장 무서운 동물이라고 할 만하지?

> 모기에 물렸을 때 가렵다고 침을 바르거나 하지 않고, 물에 깨끗이 씻고 얼음으로 찜질을 하거나 물파스 또는 묽은 암모니아수를 바르는 게 좋아요.

전쟁의 승패를 가르던 모기

기원전 334~324년 다른 여러 나라를 정복해서 대제국을 건설한 알렉산드로스 대왕은 모기에 물려 말라리아에 걸리는 바람에 목숨을 잃었다고 해. 만약 아렉산드로스 대왕이 모기에 물려 죽지 않았다면 로마의 역사는 달라졌을지도 몰라. 실제 전쟁에서도 모기에 물려 많은 병사들이 목숨을 잃기 때문에 전쟁의 승패를 가른다고 해도 지나치지 않을 정도였단다. 그래서 2차 세계대전 때에는 모기를 박멸하기 위한 살충제가 개발되어 대량으로 투하되기도 했어. 하지만 이 살충제는 결국 환경에 엄청난 악영향을 끼치는 부작용을 낳기도 했단다.

▲ 해충을 없애기 위해 DDT를 뿌리고 있는 모습이야.

입이 하나인 이유

어느 날 제자가 스승에게 물었어.
"스승님, 사람의 귀는 두 개인데, 왜 입은 하나일까요?"
제자의 물음에 스승이 말했지.

"항상 말하고 떠드는 것을 좋아하는 사람은 자신의 어리석음을 드러내기가 쉽지. 말을 잘하는 것에 비해 다른 사람의 말을 들어 주는 것은 더 어려운 법이야. 지혜로운 사람은 자신의 목소리를 높이기보다 조용히 다른 사람의 말을 잘 들어 주고, 자신의 지혜로움을 일부러 드러내지 않는단다. 즉 말하는 것보다 듣는 것을 두 배로 해야 하기 때문에 귀는 두 개이고, 입은 하나인 것이 아니겠는가."

스승의 말에 제자가 다시 물었어.

"하지만 다른 사람에게 자신의 의견을 말하거나 다른 이를 설득할 때에는 잘 말하는 것이 중요하지 않습니까?"

스승은 살며시 미소 지으며 말했어.

"물론 잘 말하는 것도 중요하지. 하지만 사람의 혀는 칼과 같아서 잘못 말하면 다른 이에게 상처를 줄 수 있지. 귀는 우리가 듣고 싶은 것만 들을 수 없지만, 우리의 혀는 선택해서 말을 내뱉을 수 있어. 그러니 늘 조심해야 하는 것이란다."

스승에 말에 제자는 고개를 끄덕였단다.

말을 잘 하는 것만큼 다른 사람의 말에 귀 기울이는 것도 중요하단다.
또한 말을 할 때에는 항상 신중해야 한다는 것을 잊지 마.

하늬 박사의 생태 이야기
입이 큰 동물은 누가 있을까?

> 몸에서 하나뿐인 동물들의 입이 이렇게나 크다니 놀랍군요.

사람의 입은 몸 전체 중에서 작은 크기이지만, 아주 중요한 역할을 해. 입을 통해 숨을 쉬고, 음식물을 먹어 영양을 섭취해. 또 이야기 속에서도 그 중요성을 알려 주었듯이 말을 할 수가 있지.

입이 큰 동물 하면 누가 떠오르니? 물속에서 헤엄치며 입을 쫙 벌리는 하마나 무시무시한 이빨을 드러내는 악어를 떠올리는 친구들이 있을지 모르겠다. 입을 쫙 벌려 자기 머리보다도 훨씬 큰 먹이를 통째로 삼키는 뱀이나 커다란 부리 속에 먹이를 담는 새, 펠리컨을 떠올리는 친구들도 있을 거야.

▲ 고래, 악어, 펠리컨, 하마, 아르헨티나뿔개구리, 뱀 등 입 큰 동물들의 모습이야.

악어는 입이 몸 전체 길이의 15퍼센트를 차지하고, 하마도 입을 쫙 벌리면 1미터가 넘게 벌어진다고 해. 펠리컨은 새들 중 아마 입이 가장 큰 새일 거야. 펠리컨은 부리 밑 주머니가 부풀어 오르기 때문에 많은 양의 먹이를 담을 수 있지. 정말 어마어마한 입들이지? 그런데 이 동물들보다 자기 몸에 비해 유난히 입이 큰 동물들이 또 있어.

고래는 입이 몸 전체의 20퍼센트를 차지한다고 해. 고래는 몸 크기도 워낙 크기 때문에 입 크기로만 따지면 아마 동물 중 으뜸일 거야. 고래들 중 몸이 큰 고래들은 혀의 무게만 해도 1톤이 넘는다니 정말 상상이 안 되지? 아르헨티나뿔개구리는 입이 몸의 많은 부분을 차지하고 있어서, 마치 입에 발이 달려 있는 것처럼 보이기도 해. 입이 큰 만큼 식성도 좋고, 한번 입에 문 먹이는 잘 놓지 않는단다.

바다의 상어 중 가장 큰 고래상어의 입은 그 폭만 1미터가 넘어서 그 큰 입으로 먹이를 무섭게 흡입한답니다.

공룡을 잡아먹던 개구리

지금은 멸종했지만, 아주 먼 옛날 공룡이 살던 시절에는 지금 볼 수 없는 동물들이 많이 살았어. 그중에는 몸 크기가 악어만큼이나 커서 비교적 몸 크기가 작은 공룡을 잡아먹고 살았던 개구리가 있었다고 해. 바로 '벨제부포'라는 개구리야. 이 개구리는 몸집에 비해 아주 커다란 입을 가진 대형 뿔개구리 종류로, 키만 40센티가 넘고 몸무게가 4킬로미터 이상 나갔던 것으로 추정되고 있단다.

뿔개구리는 '팩맨'이라는 별명을 가지고 있는데, 먹이를 무는 힘이 아주 세. 몸집이 아주 큰 뿔개구리는 입의 폭이 10센티미터가 넘는 것도 있단다.

▼ 벨제부포의 모습을 재현한 그림이야.

▼ 뿔개구리의 모습이야.

양 무리 속의 염소

많은 양들을 기르고 있는 목장 주인이 있었어. 목장 주인은 양치기를 따로 두어 양들을 매일 정성껏 돌보도록 했지.

양치기가 평소처럼 양들을 돌보던 어느 날, 가만히 보니 우리 안에 있는 양들 틈 사이로 염소 한 마리가 있는 거야.

"어? 언제 염소가 들어와 있었지?"

그런데 염소는 양 사이에 끼어 마치 자기가 양인 것처럼 양들과 똑같이 행동하고 있었어. 양치기가 목장 주인에게 말했지.

"염소가 양 사이에 끼어들어 와서 나가지도 않고 양들과 함께 지내고 있어요. 염소를 쫓아낼까요?"

양치기의 물음에 목장 주인이 말했어.

"염소를 다른 양들보다 특별히 잘 챙기고 보살펴 주게."

"아니, 염소를 더 특별히 잘 챙기라고요?"

영문을 알 수 없다는 표정으로 양치기가 되묻자, 목장 주인이 말했어.

"저 염소는 분명 여기 있는 양들과 다른 환경에서 살아왔을 거야. 그런데도 저렇게 양들과 함께 지내며 적응을 잘 하고 있으니 얼마나 기특한가? 그러니 특별히 보살펴 주는 것이 맞다네."

나와 다른 사람들의 것을 내 것으로 받아들인다는 것은 결코 쉬운 일이 아니야. 나와 다른 것이 틀린 게 아니라는 사실을 꼭 기억하렴.

하늬 박사의 생태 이야기

자연 속에서만 살아가는 양이 있다고?

양 하면 가장 먼저 무엇이 떠오르니? 앞에 나온 이야기처럼 드넓은 목장에서 '매~' 소리를 내며 무리를 지어 다니는 양 떼, 양들을 모는 양치기 등이 떠오를 거야.

양은 소, 말, 돼지처럼 오랜 시간 사람과 함께 지내며 사람에게 많은 도움을 주는 동물이야. 사람들은 양으로부터 고기와 젖, 그리고 털을 얻어. 우는 소리나 모습이 염소랑 비슷한데, 풀이나 나뭇잎 등을 먹고 사는 양은 원래 떼를 지어 살고, 성격도 아주 온순한 편이야.

그런데 모든 종류의 양이 사람에 의해 길러지는 건 아니야. 어떤 양들은 자연 속에서만 살아가는데, 가파른 산속을 가뿐하게 누비며 사는 산양이 바로 그 주인공이야. 산양은 암컷과 수컷 모두 머리에 뿔이 있는데, 특히 수컷은 사자와 같은 갈기를 가지고 있어. 산양의 나이는 머리에 난 뿔의 주름으로 알 수 있지. 산양은 아무리 험한 바위산도 오르내리기 쉽도록 다리가 아주 튼튼해. 특히 발굽은 마치 고무 같은 마찰력을 가지고 있기 때문에 절벽 위에서도 미끄러지지 않고 쉽게 비딜 수 있단다.

산양은 여기저기 옮겨 살지 않고, 한번 자리 잡은 곳에서 계속 살아. 하지만 사람들의 무분별한 욕심 때문에 산양들은 살아갈 터전을 잃어 가고 있을 뿐만 아니라 그 개체 수 또한 많이 줄어들고 있어. 그래서 우리나라에서도 천연기념물 217호, 멸종 위기 야생 동물 1급으로 지정되어 보호받고 있는 동물이란다.

> 한국의 산양들은 주로 어디에서 살고 있나요?

▲ 목장의 양 떼들이야.

◀ 산양의 뿔이야.

▲ 우리나라에 사는 산양의 모습이야.
◀ 산양의 튼튼한 발굽이야.

한국의 산양은 외국의 산양들과 종류가 다른데, 주로 바위 절벽이 많은 설악산, 백암산 등에 살고 있답니다.

멸종 위기에 처한 큰뿔산양

크고 멋진 뿔 때문에 사냥꾼들의 표적이 되어 거의 멸종 위기에 처한 산양이 있어. 큰뿔산양은 캐나다에서 멕시코에 이르기까지 북미 대륙의 산악 지대를 누비던 양이야. 사람이 살지 않는 미국 북서부의 거친 황무지 땅 배드랜드에 살던 큰뿔산양을 이제는 더 볼 수 없지. 미국의 사냥꾼들은 커다랗고 멋진 뿔을 얻기 위해 큰뿔산양을 향해 총을 겨누었어. 결국 1905년에 마지막 남은 한 마리까지 사냥꾼들에게 잡히고 말았지. 더 이상 인간의 이기심으로 소중한 생명들이 사라져 가는 일은 없어야겠지?

▲ 크고 멋진 뿔을 가진 큰뿔산양이란다.

다시 읽는 탈무드 27

상처를 주지 않는 입

숲속 동물들이 모여서 자기만의 사냥 기술을 서로 자랑하고 있었어. 사자가 먼저 나서서 말했지.

"나는 강한 힘으로 먹잇감을 순식간에 쓰러뜨려서 꼼짝 못하게 만든 다음에 잡아먹지."

이번에는 늑대가 나서서 말했어.

"나는 힘도 세지만, 무엇보다 날카롭고 단단한 이로 사냥한 먹이를 쉽게 찢어 먹을 수 있어."

한참을 자랑하며 말하던 늑대가 뱀을 보며 물었지.

"그런데 뱀 너는 먹잇감을 한꺼번에 꿀꺽 삼켜 버리잖아. 왜 먹이를 그렇게 먹는 거야? 그렇게 먹으면 별 맛도 없을 것 같은데."

늑대의 말에 뱀이 말했어.

"나도 사냥감을 씹어 먹을 수 없는 게 아쉽기는 해. 하지만 다른 사람을 헐뜯으며 상처를 주는 인간의 입보다는 낫지 않겠니? 난 적어도 내 입을 통해 다른 누군가를 물어뜯거나 상처를 주는 일은 없으니까 말이야."

다른 사람을 헐뜯고 비난하는 말이 그 사람에게 화살이 되어 큰 상처를 입힐 수 있다는것을 기억하렴.

하늬 박사의 생태 이야기
뱀은 왜 먹이를 통째로 삼킬까?

▲ 뱀이 자기 머리보다 큰 먹잇감을 통째로 삼키는 모습이야.

뱀은 늑대나 사자처럼 다른 동물을 잡아먹고 사는 육식 동물이야. 하지만 늑대나 사자처럼 고기를 뜯거나 씹어 먹지 않아. 뱀은 먹잇감을 발견하면 아예 통째로 삼키거나, 먹이를 긴 몸으로 친친 감아 숨을 못 쉬게 만든 다음에 잡아먹지. 만약 독이 있는 뱀이라면 먹잇감을 독침으로 공격해서 잡아먹어. 어쨌든 뱀은 먹이를 자르거나 찢어서 씹어 먹지 않고 잡은 먹이를 통째로 삼키는데, 어떻게 그럴 수 있을까?

뱀이 자기 머리보다 큰 먹이를 먹다가 숨이 막히지는 않나요?

쉽게 말하자면 뱀에게는 먹이를 찢을 발톱이나 씹을 수 있는 튼튼한 이빨이 없기 때문이야. 그래도 어떻게 자기 머리보다도 더 큰 먹이를 통째로 집어삼킬 수 있냐고? 뱀의 위턱과 아래턱은 직접 닿아 있지 않은 데다가 아래턱은 좌우의 뼈가 인대로 연결되어 있기 때문에 좌우로 마음껏 움직일 수 있어. 그래서 먹이를 삼킬 때 아래턱을 좌우로 움직이면 먹이는 자연스럽게 뱀의 식도 쪽으로 들어가게 되지. 더구나 뱀의 식도는 주름이 많아서 아무리 큰 먹이가 들어가도 피부가 쭉쭉 늘어나기 때문에, 피부가 최대로 늘어날 수 있는 정도의 큰 먹이도 꿀꺽 삼킬 수 있는 거야. 또 뱀의 소화 기관에서 나오는 위액은 아주 강력하기 때문에 먹이의 발톱과 털, 뼈까지 녹여 소화시킨단다.

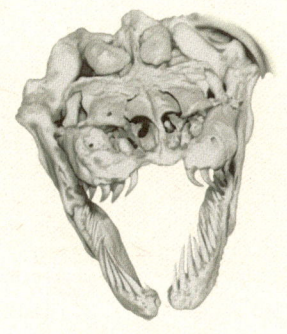
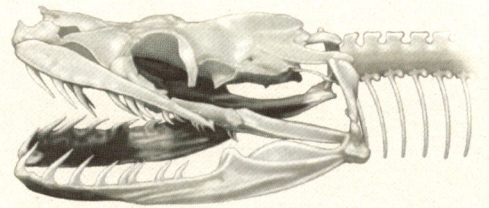

▲ 뱀의 머리뼈 모습이야.

뱀은 시력이 좋지 않고 소리를 들을 수도 없는데 어떻게 먹이를 사냥하는 걸까? 앞에서도 잠깐 이야기했지만, 뱀은 두 가닥으로 갈라진 혀를 계속 날름거리면서 공기 중의 냄새를 맡아 입천장 속의 냄새를 맡을 수 있는 기관으로 보내어 먹이를 찾을 수 있는 거란다.

뱀은 소화관이나 호흡관 등 몸속 기관도 몸처럼 깁답니다. 먹이가 입속에 가득 차 숨이 차면 호흡관을 먹이 밑으로 밀어내어 숨을 쉬지요.

뱀의 놀라운 생명력

뱀이 자기보다 큰 먹이를 한번 먹은 후에는 또 언제 먹이를 먹을까? 뱀은 우리가 규칙적으로 식사를 하듯이 먹이를 규칙적으로 먹는 게 아니라 아주 가끔씩 먹어. 실제로 커다란 먹이를 통째로 삼킨 살모사가 몇 달씩 먹이를 먹지 않고도 산 적이 있다고 해. 어떻게 그럴 수 있냐고? 뱀이 한번 먹이를 먹고 소화를 시키고 나면, 다시 먹이를 먹을 때까지 뱀의 소화 기관은 활동을 하지 않아.

비단뱀은 위가 비어 있을 때 심장, 간, 콩팥 등의 크기가 줄어들었다가, 먹이가 소화 기관으로 들어오면 관련된 장기들의 크기가 늘어난다고 해. 정말 놀라운 생존력이지?

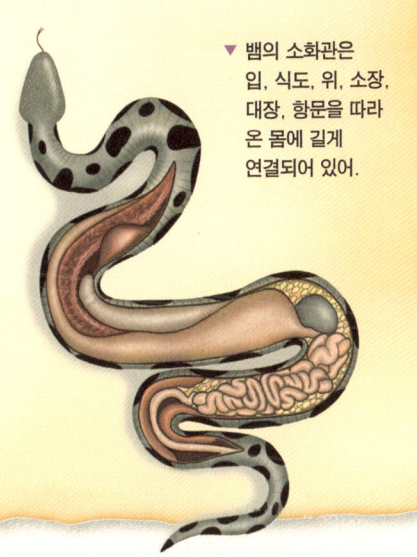

▼ 뱀의 소화관은 입, 식도, 위, 소장, 대장, 항문을 따라 온 몸에 길게 연결되어 있어.

두 사람의 굴뚝 청소

한 스승이 제자의 지혜를 알아보기 위해 물었어.

"만약 두 사람이 똑같이 굴뚝을 청소하고 나왔는데, 한 사람은 얼굴이 시커멓고 다른 한 사람의 얼굴은 깨끗했다면, 두 사람 중에 누가 얼굴을 씻겠나?"

제자는 당연하다는 듯이 대답했지.

"당연히 얼굴이 시커먼 사람이 얼굴을 씻겠죠."

그러자 스승이 말했어.

"아니지. 얼굴이 시커먼 사람은 얼굴이 깨끗한 사람을 보고 자기도 깨끗할 거라고 믿고는 안 씻겠지. 하지만 얼굴이 깨끗한 사람은 얼굴이 시커먼 사람을 보고 자기 얼굴도 더러울 거라고 생각하고 씻을 게야."

스승의 말에 제자는 고개를 끄덕였고, 스승은 다시 물었어.

"자, 이번에도 같은 질문을 해 보지. 굴뚝 청소를 한 두 사람 중 한 사람은 얼굴이 더러워졌고, 한 사람은 말끔한 얼굴이라면 굴뚝 청소를 한 후에 누가 얼굴을 씻을까?"

이번에는 자신 있다는 듯 제자가 답했어.

"그야 얼굴이 말끔한 사람이지요!"

스승은 고개를 세게 가로저으며 말했지.

"쯧쯧, 두 사람이 함께 굴뚝 청소를 했는데, 어떻게 한 사람은 얼굴이 더럽고 한 사람은 얼굴이 깨끗할 수가 있겠나?"

다른 사람의 모습을 통해 자신을 돌아볼 줄 아는 태도는 중요해. 하지만 다른 사람이 그렇다고 해서 자신도 그럴 거라는 착각은 조심해야겠지?

하늬 박사의 생태 이야기

세상에서 가장 지저분한 동물은?

깨끗한 물에 사는 하마도 지저분한 습관이 있지요?

굴뚝 청소를 한 다음 씻지 않아 얼굴이 시커멓게 더러워진 사람만큼이나 지저분해 보이는 동물이 있을까?

밀림 지역의 나무에 사는 나무늘보는 24시간을 거의 나무에 거꾸로 매달려 지내. 이름에서 알 수 있듯이 나무늘보는 거의 움직이지도 않는데, 움직인다 해도 동작이 너무나도 굼뜨지. 움직이는 것조차 싫어하니, 당연히 목욕하는 것도 좋아할 리는 없겠지? 목욕을 싫어하는 나무늘보의 털에는 이끼가 낄 정도야.

죽은 동물이나 썩은 동물을 먹는 독수리는 자신의 오줌을 다리로 흘려보내. 오줌을 흘려보낸다는 게 지저분해 보일 수 있어. 그런데 독수리는 더운 지방에 살기 때문에 다리로 열을 내보내는데, 자기 다리에 오줌을 흘려보내 열을 식히는 거야. 지저분한 동물 하면 쉽게 떠오르는 것 중 하나가 음식 주변을 윙윙 날아다니는 파리일 거야. 파리는 음식물뿐 아니라 사람이나 동물의 똥과 오줌 등을 먹는데, 이때 자기가 먹은 것을 아주 조금씩 토하기 때문에 콜레라, 장티푸스, 결핵, 결막염 등의 각종 질병을 옮기기도 한단다. 풍뎅이과의 곤충인 소똥구리는 말이나 소 등 초식 동물의 똥을 주로 먹어. 그리고 이 똥들을 동그랗게 빚어서 저장해

▲ 똥을 먹고 있는 파리야.
◀ 몸에 이끼가 낀 나무늘보의 모습이야.

▲ 소똥구리가 똥을 굴리고 있어.

두었다가 그 속에 알을 낳거나, 그 똥을 애벌레의 먹이로 삼기도 하지. 아주 더럽고 고인 물, 또는 하수구 같은 곳에서 수십 마리가 뭉쳐서 살아가는 실지렁이도 어떻게 보면 지저분한 동물처럼 보일지 몰라.

사실 지저분한 동물이란 것도 어찌 보면 사람의 기준일 거야. 동물들에게는 그런 생활 방식이 살아가기 위한 특별한 전략일 뿐일 테니까 말이야.

하마는 그 덩치만큼이나 엄청난 양의 풀을 먹고 배설을 하는데, 꼬리를 빙글빙글 돌리면서 배설을 하기 때문에 똥이 사방팔방으로 튄답니다.

지독한 냄새를 풍기는 동물들

지저분한 습관을 가진 동물만큼, 지독한 냄새를 풍기는 동물이 있어. 독수리처럼 썩은 고기를 먹는 하이에나는 항문 근처에서 나오는 분비물을 여기저기 바르는데, 일반 동물들의 오줌보다 훨씬 지독한 냄새가 나. 코끼리 수컷은 암컷을 유혹하기 위해 눈과 귀 사이의 구멍에서 분비물을 내는데, 사람이 맡기엔 기절할 만큼 독하다고 해. 노래기는 위협을 느끼는 순간 옆구리에서 가스를 내뿜는데, 이 냄새에 새나 포유동물들이 도망갈 정도로 지독하단다. 지독한 냄새 하면 스컹크를 따라가지는 못할 거야. 스컹크는 항문 근처의 분비샘에서 위험을 느낄 때 가스를 내뿜는데, 이 냄새가 한번 스며들면 잘 빠지지 않을 수도 있단다.

▶ 노래기는 햇볕을 싫어해서 습한 낙엽 아래 같은 곳에서 살아.

갈대 묶음의 힘

　눈만 뜨면 하루 종일 별것도 아닌 걸로 티격태격하는 형제가 있었어. 보다 못한 아버지가 어느 날 갈대가 많은 들판으로 아들들을 데리고 나갔어.

아버지는 형제에게 갈대를 하나씩 쥐어 주며 말했지.

"자, 각자 이 갈대를 하나씩 꺾어 보아라."

　형제는 고개를 갸우뚱하며 아버지가 시키는 대로 했어. 형제는 갈대 하나씩을 쉽게 꺾었지.

　이번에는 아버지가 갈대를 한데 묶어 내밀며 말했어.

"이번에는 갈대 백 개 묶음을 한꺼번에 꺾어 보렴."

　이번에도 형제는 아버지가 시키는 대로 했지.

"아버지, 이건 한번에 잘 안 꺾여요."
"이렇게 많은 갈대를 어떻게 한꺼번에 꺾어요?"
형제의 말에 아버지가 말했어.
"너희도 방금 해 봤듯이, 갈대 하나는 쉽게 꺾이지만 이렇게 여러 개가 묶여 있으면 쉽게 꺾이지 않는 법이다. 너희에게 어떤 어려움이 닥쳤을 때 둘이 힘을 합해 서로 돕는다면 아무리 어려운 일에도 쉽게 무너지지 않겠지?"
아버지의 말에 형제는 그동안 싸움질만 했던 자신들의 모습을 떠올리며 부끄러워했단다.

혼자서는 감당할 수 없는 어려움도
여럿이 힘을 합하면
막강한 힘이 생겨 이겨낼 수 있단다.

하늬 박사의 생태 이야기
갈대는 어떤 식물일까?

▲ 갈대(왼쪽), 달뿌리풀(가운데), 억새(오른쪽)는 비슷해 보이지만 다른 식물이야.

갈대는 바람에 이리저리 잘 흔들려도 잘 꺾이지 않는 특징 때문에 '믿음'을 상징하기도 하지요.

갈대는 세계 어디서나 볼 수 있고, 우리나라 전국 각지에서도 쉽게 볼 수 있는 식물이야. 강변이나 습지 근처에서 바람에 이리저리 흔들리는 키가 큰 갈대 무리를 한 번쯤은 본 기억이 있을 거야.

갈대는 주로 강물과 바닷물이 만나는 축축한 땅에서 무리 지어 사는 여러해살이풀이야. 곧게 자라는 갈대의 줄기는 마디가 있으니, 속이 비어 있고 단단하지. 그래서 갈대 하나를 꺾는 건 쉬울지 몰라도 여러 개를 묶어 꺾으려면 힘들어. 갈대의 뿌리줄기는 땅속에서 옆으로 길게 뻗어 나가는데, 오래된 뿌리줄기는 깊은 곳에서, 얼마 안 된 뿌리줄기는 땅 가까이에서 층층이 옆으로 넓게 뻗어나가는 울타리형 뿌리야.

가을이 되면 나뭇잎이 누렇게 변해 떨어지는 낙엽을 '갈잎'이라고 하는데, 갈대는 가을과 겨울이 지나 봄이 올 때까지도 '갈잎을 달고 있는 대'라고 해서 '갈대'라고 불러.

갈대처럼 축축한 땅에서 자라는 식물로 갈대와 비슷한 달뿌리풀이 있는데, 달뿌리풀은 산소가 많은 모래자갈 땅을 좋아하고 뿌리줄기가 땅속이 아닌 땅 위로 뻗어 나가. 그리고 갈대와 달리 뿌리줄기 마디 쪽에 하얗고 긴 털이 촘촘하게 나 있지. 갈대와 또 헷갈리는 식물이 억새야. 생긴 모습은 갈대와 비슷하지만, 일단 사는 곳이 달라. 축축한 땅을 좋아하는 갈대와 달리 억새는 언덕이나 숲의 마른 땅에서 자라. 그리고 자세히 보면 생긴 모습도 다른데, 억새 잎의 가장자리는 갈대 잎과 달리 톱니처럼 생겨서 날카롭지. 또 갈대 이삭은 갈색이지만, 억새 이삭은 하얀색이란다.

갈대는 수질 정화 기능이 뛰어난 습지 식물로 주목받고 있답니다.

쓰임새가 많은 갈대

갈대는 생물학적으로 1000년 이상을 살 수 있다고 해. 그만큼 갈대는 오래전부터 인류와 함께해 온 식물로 사람들이 살아가는 데에 다양한 용도로 쓰였어. 아주 오랜 옛날 움막을 짓거나 지붕을 이을 때, 또는 바닥에 까는 자리를 만드는 데 갈대의 줄기를 재료로 썼어. 뿐만 아니라 밧줄이나 바구니 같은 것을 만드는 데에도 갈대 줄기가 쓰였지. 갈대의 어린 싹은 반찬으로 해 먹기도 하고, 갈대의 뿌리나 꽃은 약재로 쓰기도 했단다. 정말 무엇 하나 버릴 것 없을 만큼 쓸모가 많지?

▼ 갈대는 생활 속에서 다양한 용도로 쓰여 왔어.

다시 읽는 탈무드 30
다른 사람을 위한 등불

한 남자가 불빛 하나 없는 어두운 밤길을 걷고 있었어. 한참을 걷고 있는데 저 멀리서 불빛 하나가 아른거렸지. 유심히 보니 누군가가 등불을 들고 걸어오고 있었어. 그런데 자세히 살펴보니 등불을 들고 걸어오는 사람은 앞을 못 보는 맹인이었어. 남자는 이상하다고 생각했어. 그리고 등불을 들고 오는 맹인을 불러 세워 물었지.

"저 잠시만요, 궁금한 게 있어요. 당신은 앞을 볼 수 없으니 굳이 등불이 필요하지 않을 텐데, 왜 등불을 들고 다니시나요?"

남자의 말에 맹인이 미소 지으며 말했어.

"그렇지요. 저에게는 등불이 필요하지 않지요. 등불이 있다고 제가 앞을 볼 수 있는 건 아니니까요. 하지만 제가 이 등불을 들고 다니면 앞을 보는 사람들이 앞 못 보는 제가 길을 걷고 있다는 것을 잘 알지 않겠어요?"

그제야 남자는 고개를 끄덕였단다.

> 항상 자기 입장에서 생각하기보다는 다른 사람들의 입장에서 생각해 보는 지혜도 필요해.

하니 박사의 생태 이야기
앞을 보지 못해도 잘 살아가는 동물은?

▲ 굴 파는 장님굴새우와 망보는 망둑어

서로 돕는 동물들의 모습에서도 사람이 배울 점이 많군요.

　이야기 속 맹인은 비록 앞을 보지는 못하지만, 뛰어난 지혜로 어두운 밤길도 안전하게 다닐 수 있었어. 이야기의 주인공처럼 앞을 보지 못하거나 눈이 많이 나빠도 잘 살아가는 동물들이 있단다. 이미 많은 친구들도 잘 알고 있을지 모르지만, 박쥐나 두더지는 눈이 나쁜 동물이야.

　어두운 동굴을 좋아하는 박쥐는 눈이 퇴화되는 바람에 시력이 좋지 않지만, 초음파를 이용해서 잘 날아다니며 살아갈 수 있어. 마찬가지로 어두운 땅속에서 지내는 두더지도 시력은 좋지 않지만 냄새를 맡는 후각이나 소리를 듣는 청각이 발달했기 때문에 땅속에서 지내는 데 아무런 문제가 없지.

　그런데, 앞을 못 보지만 다른 동물의 도움으로 잘 살아가는 동물이 있어. 바로 장님굴새우야. 장님굴새우는 이름처럼 앞을 잘 보지 못해. 장님굴새우가 바닷속 모래에 열심히 굴을 파는 사이, 망둑어는 망을 봐 줘. 이때 장님굴새우는 망둑어 꼬리에 더듬이를 대고 있는데, 만약 위험한 상황이라도 생기면 망둑어는 꼬리를 흔들어서 위험하다는 것을 알려 주지. 그리고는 장님굴새우가 파 놓은 굴속으로 함께 쏙 숨는단다. 장님굴새우는 망둑어 덕분에 안전하게 집을 짓거나 사냥을 하는 대신, 망둑어는 장님굴새우 덕분에 살아갈 집을 얻는 거야. 동물의 세계에서도 하나보다는 둘의 힘이 더 크다는 것이 통한다는 사실, 잘 알겠지?

이렇게 서로 다른 동물들이 도움을 주고받으며 함께 살아가는 것을 '공생'이라고 한답니다.

사람의 생명을 구한 동물들

서로 돕는 동물들처럼 동물이 사람을 돕기도 하는데, 특히 위기에 처한 사람을 실제로 동물이 구하는 일도 있어.

옛날, 수영하던 사람이 물에 휩쓸려 떠내려가는 걸 막으려고 물개가 주위를 둘러싸 지켜 주거나, 보트에서 바다로 빠진 어린아이를 위로 들어올린 돌고래의 일화가 있어. 또 동물원의 고릴라 우리 안으로 떨어진 아이를 위협하던 다른 고릴라들로부터 구한 고릴라 이야기 등도 모두 실제로 있었던 일들이야. 특히 아주 오랜 세월 사람과 함께 지내며 사람을 구한 개의 이야기도 아주 많아. 그래서 인명 구조를 하기 위해 훈련되는 개들도 있단다.

▲ 다양하게 활약하는 인명 구조견들의 모습이야.

은빛 여우와 황색 여우

머리부터 발끝까지 온몸이 반짝이는 은빛 털로 뒤덮인 여우가 있었어. 숲속의 동물들은 모두 여우의 아름다운 은빛 털을 부러워했지.

"내가 봐도 아름다운 털이야. 세상에 나만큼 아름답고 우아한 동물이 또 있을까?"

은빛 여우는 자신을 부러워하는 동물들 앞에서 보란 듯이 더욱 잘난 척을 했지. 그런데 황색 털을 가진 황색 여우만 은빛 여우를 부러워하지 않는 거야. 어느 날 은빛 여우가 황색 여우에게 말했어.

"같은 여우인데 나는 아름다운 은빛 털, 너는 칙칙한 황색 털이라니! 솔직히 너도 내가 부럽지? 부럽고 질투가 나니까 괜히 아무렇지 않은 척, 관심 없는 척하는 거 다 알고 있어."

은빛 여우의 말에 황색 여우가 당당하게 말했어.

"아니, 난 네 은빛 털이 조금도 부럽지 않단다. 앞으로 내 자식의 자식의 자식까지, 그 자식의 자식까지 황색 털을 가진 여우들이 이 세상에 수없이 많아질 테니까. 자손 대대로 물려줄 이 황색 털이 난 세상 그 무엇보다 자랑스러워."

황색 여우의 말에 은빛 여우는 금세 기가 죽어 아무 말도 하지 못했단다.

진정한 아름다움은 겉으로 보이는 화려함이 아니라, 눈에 보이지 않는 내면의 아름다움과 가치란다.

하니 박사의 생태 이야기

은빛 여우와 황색 여우는 어떻게 다를까?

▶ 은여우(왼쪽)와 황색 털을 지닌 붉은여우(오른쪽)야.

이야기 속에서 자신의 털 색깔을 뽐내던 은빛 여우는 황색 여우와 어떻게 다를까? 사실은 은빛 여우가 황색 여우에게 잘난 척할 이유가 전혀 없을지도 몰라. 왜냐하면 은빛 여우와 황색 여우는 같은 종류의 여우일 테니까 말이야. 그게 무슨 이야기냐고?

여우도 전 세계적으로 여러 종류가 분포되어 있는데, 우리가 흔히 여우라고 말하는 것은 붉은여우를 뜻해. 붉은여우는 전 세계에 분포하는데 몸 크기나 몸 색깔이 지역에 따라, 계절에 따라 조금씩 다르거든. 일반적으로는 이름 그대로 몸 색깔은 붉은색, 다리는 검은색을 띠는데, 붉은여우의 털 색깔은 지역이나 개체에 따라서 황색, 검은색, 은색 등 조금씩 달라. 몸의 검은색 줄무늬가 특징적인 십자여우도, 은색 털을 지닌 은여우도 모두 붉은여우의 한 종류란다. 은여우라고 해서 털이 모두 은색인 것도 아니고, 일부는 검은색 털을 띠는 것도 있어.

은여우는 북아메리카에 분포하는데, 아름답고 매끄러운 은백색을 지닌 털 빛깔 때문에 많은 사람들이 모피를 얻기 위해 농가에서 사육하기도 해.

계절에 따라 털 색깔이 바뀐다니 정말 신기해요.

◀ 북극여우의 털은 겨울에는 흰색, 여름에는 갈색이야.

한편 몸의 털 색깔이 계절에 따라 바뀌는 여우도 있어. 바로 '북극여우'야. 추운 북극에 사는 북극여우의 털은 하얀 눈이 많이 내리는 겨울에 눈처럼 하얀색을 띠어. 그래서 천적의 공격으로부터 쉽게 피할 수 있지. 눈이 녹고 땅이 드러나는 여름이 오면 북극여우의 털 색깔은 갈색으로 바뀐단다.

환경에 적응하는 생명의 놀라움이죠. 사막에 사는 사막여우는 사막의 모래 색과 털 색깔이 비슷해서 천적의 눈에 잘 띄지 않는답니다.

몸 색깔을 바꿔 자신을 보호하는 동물

눈 내리는 추운 계절에는 하얀 눈과 비슷한 색의 털이었다가 여름에는 갈색 털로 털 색깔이 바뀌는 북극여우처럼, 쇠족제비나 눈덧신토끼도 계절에 따라 털 색깔이 바뀌는 동물이야. 자연과 비슷한 몸 색깔이 되면 천적의 공격으로부터 피하기 쉽고, 먹잇감을 사냥하기에도 좋을 거야. 몸 색깔을 자유자재로 바꾸는 동물 하면 뭐니뭐니해도 카멜레온을 빼놓을 수 없어. 카멜레온은 주변 온도뿐 아니라, 자신의 기분이나 주변 환경에 따라 몸 색깔을 마음껏 바꿀 수 있단다.

▲ 눈덧신토끼 털 색깔이 겨울에서 여름으로 변화하는 모습이야.

힘센 자와 지혜로운 자

어느 마을에 어릴 때부터 힘이 아주 센 청년이 있었어. 힘으로는 누구하고 겨뤄도 진 적이 없었지. 그러다 보니 청년은 자기 힘만 믿고 아무에게나 행패를 부리며 함부로 행동했어.

어느 날 힘센 청년의 친구가 말했어.

"너는 네가 세상에서 가장 강하다고 생각하지? 하지만 모든 사람이 너를 그렇게 생각하지는 않을걸?"

친구의 말에 힘센 청년이 비웃으며 말했어.

"힘도 없는 네가 뭘 안다고 그런 말을 하지?"

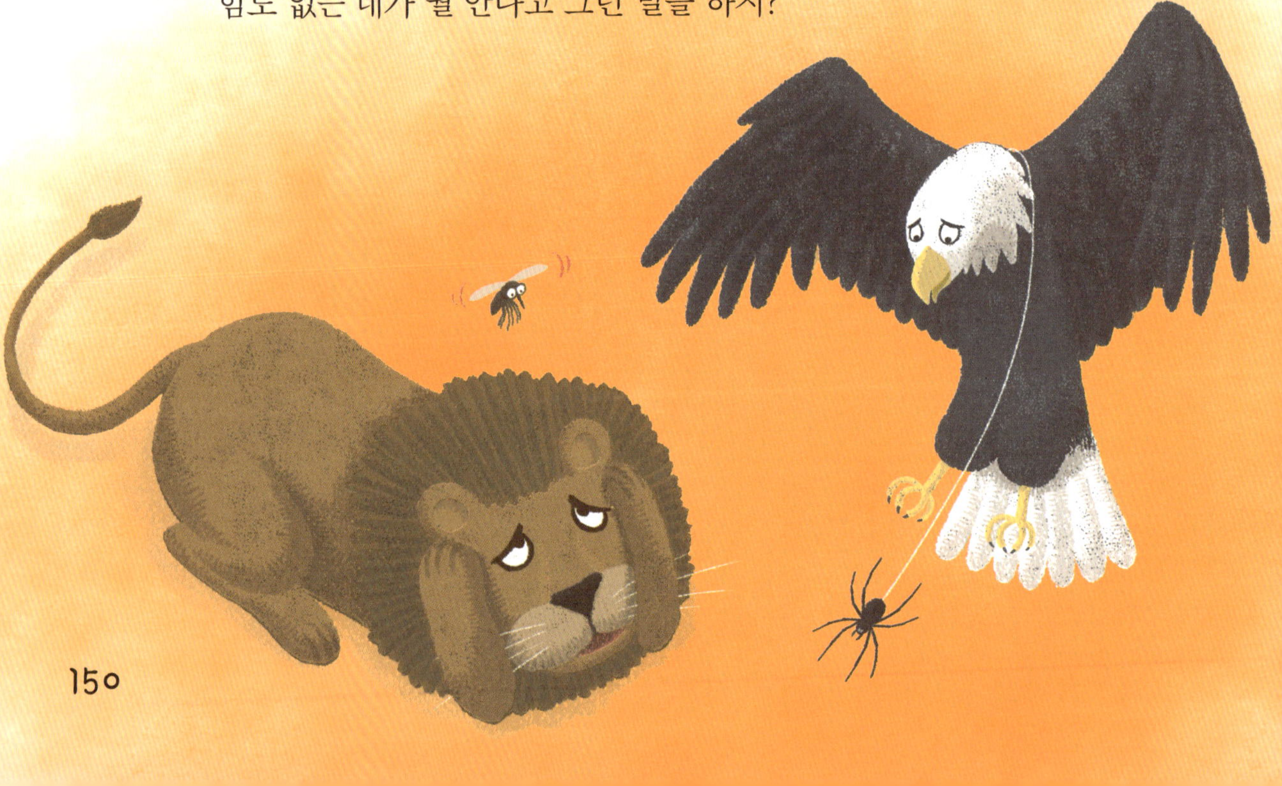

기세등등한 청년에게 친구가 차분히 말했지.

"아무리 사자가 동물의 왕이라고 해도 먼지처럼 작은 모기를 무서워해. 덩치가 산처럼 큰 코끼리도 피를 빨아 먹는 거머리가 들러붙는 걸 두려워하지. 무서운 독을 가진 전갈도 파리가 달려들면 도망가고, 하늘의 왕인 매도 거미를 싫어해. 강하고 힘센 사람이라고 해서 누구에게나 두렵고 무서운 존재는 아니야. 반대로 아무리 약하고 보잘 것 없는 존재라고 해도 강하고 힘센 존재를 무너뜨릴 힘을 가지고 있는 법이야. 힘만 센 너와 지혜로운 나만 봐도 알 수 있지."

아무리 작고 하찮아 보이는 존재도 그만의 장점과 힘이 있어.
누구라도 함부로 무시당할 수는 없단다.

하늬 박사의 생태 이야기

덩치는 작아도 강한 힘을 지닌 동물이 있다고?

'거머리처럼 달라붙는다'라는 말을 들어 본 적이 있니? 뭔가 자신의 목적을 이루기 위해 다른 사람에게 끈질기게 달라붙는 사람을 두고 흔히 쓰는 말이야. 이야기 속에서 덩치 큰 코끼리도 무서워한다는 거머리는 어떤 동물일까?

자기 몸 열 배의 피를 빤다니 흡혈귀가 따로 없네요.

거머리는 실제로 몸길이가 작게는 3센티미터에서 크게는 10센티미터 정도인 비교적 작은 동물이야. 몸이 길쭉하고 여러 개의 고리 마디들로 되어 있는 모습이 마치 지렁이 같기도 하지. 거머리가 다 비슷비슷하게 생긴 것 같지만 전 세계에 600여 종이 넘고 종마다 조금씩 다른 특성을 지니고 있어. 보통은 논이나 개울, 못 같은 민물에 사는데 어떤 거머리는 땅이나 바다에서 살기도 해. 그런데 이렇게 작은 거머리가 왜 무섭냐고? 그건 거머리가 사람이나 다른 동물에 붙어 피를 빨아 먹고 살기 때문이야.

▲ 거머리는 몸의 앞 끝과 뒤 끝에 빨판이 있어서 다른 동물에 쉽게 달라붙을 수 있어.

거머리 몸의 앞쪽 끝과 뒤쪽 끝에는 빨판이 있어서 다른 동물의 몸에 착 달라붙을 수 있어. 그렇게 달라붙어서는 채 30분도 안 되어 자기 몸무게의 10배나 되는 양의 피를 빨아 먹는다고 하니, 놀랍지 않니?

거머리는 다른 동물의 피를 빨아 먹으면서 피가 굳지 않게 하는 물질이 들어 있는 침과 빨아 먹은 피를 섞어서 자신의 몸속에 저장하여 소화를 시킨단다. 한 가지 재미있는 사실은, 거머리는 암수한몸으로 탈바꿈을 하지 않는 동물인데, 스스로 수정하지 않고 다른 거머리와 짝짓기를 해서 정자를 서로 맞교환하여 알을 낳아 번식한다는 거야. 덩치는 작지만 놀라운 생존력과 번식력을 지닌 동물이지?

> 모든 거머리가 피를 빠는 건 아니랍니다. 어떤 거머리는 지렁이나 달팽이 같은 동물을 잡아먹고 살기도 하지요.

일부러 거머리를 키우는 이유

사람의 몸에 들러붙어 피를 빤다니, 어떻게 생각하면 징그럽게 느껴질 수도 있어. 그런데 요즘은 거머리를 일부러 키우기도 한다고 해. 거머리의 침샘에서 나오는 물질은 피가 굳는 것을 막기 때문에 사람에게 필요한 의약품으로 쓰이기도 하거든. 또 손가락 등이 잘려서 봉합하는 수술을 하면 피가 제대로 안 돌아 수술한 부분이 심하게 붓기도 하는데, 이 부위에 거머리를 놓으면 거머리가 피를 빨면서 피가 돌아 붓기가 빠지고 상처도 금방 아문다고 해. 또 피부 궤양이나 혈관 염증 치료에 쓰기 위해 일부러 몸집이 큰 거머리를 균이 없는 깨끗한 상태에서 키우기도 한단다.

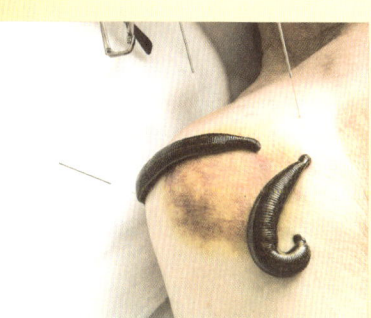 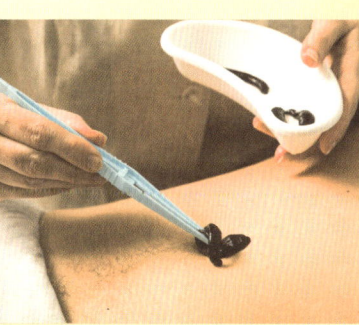

◀ 거머리를 치료에 이용하는 모습들이야.

다시 읽는 탈무드 33

잡초가 하는 일

한 농부가 밭에서 열심히 일하고 있었어.

"밭에 잡초가 많이 났네. 오늘은 잡초 좀 뽑아야겠군."

농부는 땡볕에서 땀을 뻘뻘 흘리며 한참 동안 잡초를 뽑았어.

"에휴, 이런 쓸데없는 잡초는 왜 나서 사람을 고생시킨담!"

농부가 투덜투덜 불평하자, 농부가 뽑아 둔 잡초가 말했어.

"내가 쓸데없다고요? 그건 우리 잡초가 당신에게 얼마나 도움이 되는 존재인지 잘 모르고 하는 얘기예요."

잡초의 말에 농부가 코웃음을 치며 말했지.

"도대체 잡초가 무슨 도움이 된단 말이지? 내 농작물들이 자라는 것을 방해나 하는 주제에!"

농부의 말에 잡초가 다시 말했어.

"우린 밭에 뿌리를 내려서 흙을 갈아 주고, 비가 많이 내렸을 때 진흙이 흘러 농작물이 떠내려가지 않게 막아 주지요. 그뿐인가요? 모래나 먼지가 바람에 마구 날리는 것도 막아 줘요. 만약에 우리 잡초가 없다면 당신은 농사를 제대로 짓기 힘들걸요?"

잡초의 말을 듣고 찬찬히 생각해 보니 농부는 미안해졌어.

"듣고 보니 그렇구나. 내가 널 너무 하찮게만 여겼어. 함부로 업신여겨서 미안하구나."

세상의 어떤 존재든 살아가는 이유가 모두 있어. 그리고 단점이라고 여겼던 것들도 뒤집어 생각하면 장점이 되기도 한단다.

하늬 박사의 생태 이야기
잡초도 쓸모가 많다고?

▲ 긴병꽃풀, 남산제비꽃, 땅채송화, 황새냉이 등은 흔히 잡초로 불리는 식물들이야.

모든 생명은 세상에 존재할 이유를 가지고 태어난답니다.

잡초가 농작물을 키우는 데 방해가 된다는 이야기 속 농부의 불평처럼, 실제로 우리 생활 속에서 잡초는 흔히 쓸모없는 풀로 통해.

농부들이 경작지에서 농작물로 재배하기 위해 일부러 키우는 식물들 말고, 그 이외에 그냥 자라난 풀들을 '잡초'라고 부르는데, 이 잡초들은 농작물이 자라날 땅을 차지할 뿐 아니라, 양분이나 수분도 빼앗기 때문이야. 그리고 농작물보다 크게 자라는 잡초가 햇빛을 가려서 농작물이 광합성 작용을 하는 것을 방해하기도 하고, 잡초가 무성하게 자라난 곳은 각종 벌레나 병균들이 번식할 거처가 되기도 하지. 이러한 이유들로 농작물의 성장을 방해하는 풀이라고 해서 '쓸모없는 잡초'라는 말이 생겨난 거야.

잡초는 물달개비, 쇠털골, 방동사니, 바람하늘지기, 뚝새풀, 강아지풀, 쇠비름, 명아주 등 그 종류도 아주 많아. 농작물의 성장을 방해한다는 면에서는 쓸모없는 풀이라고 여길 수도 있지만, 잡초가 아예 쓸

모없는 풀은 아니야. 농작물을 키우는 경작지가 아닌 산이나 들에 자란 풀들을 우리는 흔히 '들풀'이라고 불러. 이런 들풀 중에는 우리가 나물로 만들어 먹을 수 있는 것도 있고, 귀한 약재로 쓰이는 약초들도 있단다.

민들레, 질경이, 명아주, 돌나물, 쇠비름, 쑥, 별꽃, 달맞이꽃, 비름나물 등은 모두 먹을 수 있거나 각종 질병의 치료에도 좋은 효능을 지닌 들풀들이야. 자신의 방식대로 씨앗을 번식하고 나름의 생존 전략을 펼치는 잡초도 어떤 면에서 보면 사람에게 고마운 식물이기도 해.

강인한 생명력을 지닌 잡초

잡초는 자신만의 생존 방식으로 추운 겨울도 거뜬히 이겨 내. 겨울이 되면 잡초는 짧은 줄기 끝에서부터 땅 가까이 붙은 채로 잎을 사방으로 펼치고 있어. 이렇게 땅에 바짝 붙어 있는 잡초는 뽑기도 힘들 뿐더러, 땅속 깊이 길게 뿌리를 박고 있어서 잘 뽑히지도 않아. 땅 가까이 펼쳐진 잎은 태양빛을 충분히 받을 수 있고, 차갑고 매서운 바람에도 많이 흔들리지 않아. 봄이 되어 다른 씨앗들이 싹을 틔우기 시작할 때, 잡초는 이미 꽃을 피워 많은 곤충들의 먹이와 안식처가 되어 준단다.

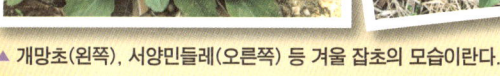

▲ 개망초(왼쪽), 서양민들레(오른쪽) 등 겨울 잡초의 모습이란다.

잡초들은 곤충들에게 먹이를 제공하고 편안한 휴식처를 제공하는 역할도 하지요.

못생긴 그릇에 담긴 지혜

다시 읽는 탈무드 34

어느 나라에 왕의 신임을 가장 많이 받는 신하가 있었어. 신하는 지혜가 뛰어나 항상 왕의 곁에서 나랏일을 도왔지. 그런데 지혜로운 신하는 눈에 띌 정도로 얼굴이 못생겼어.

왕에게는 아름다운 공주가 하나 있었어. 공주는 오로지 자신을 꾸미는 데에만 관심이 있었지. 공주는 늘 못생긴 신하에게 말했어.

"쯧쯧, 아무리 지혜가 뛰어나면 뭐하나요? 얼굴이 그리도 못생겼으니!"

어느 날, 못생긴 신하가 공주에게 물었지.

"공주님, 왕궁에서는 술을 어디에 담아 두나요?"

갑작스러운 신하의 물음에 공주는 퉁명스레 대답했어.

"어디에 담긴요? 당연히 술은 항아리나 주전자에 담아 두지요."

공주의 말에 못생긴 신하가 놀란 표정으로 말했지.

"항아리나 주전자요? 이렇게 화려한 왕궁에는 금이나 은으로 만든 비싸고 훌륭한 그릇도 많을 텐데, 고작 항아리나 주전자에 술을 담아 놓는다는 말씀입니까?"

"흠, 듣고 보니 그렇군요. 당장 술을 옮겨 담으라고 해야겠어요."

공주는 바로 시녀들에게 항아리와 주전자에 담긴 술들을 금으로 만든 화려한 그릇에 옮겨 담도록 했어.

그러던 어느 날 왕궁에서 큰 잔치가 열렸어. 왕과 많은 사람들이 귀한 음식들과 술을 잔뜩 차려 놓고 잔치를 즐겼지. 그런데 왕이 술을 따라 마신 순간, 잔뜩 얼굴을 찌푸리며 호통을 쳤어.

"아니, 술맛이 왜 이렇느냐! 그리고 도대체 누가 술을 이런 금그릇에 담았단 말인가?"

순간 붉어진 얼굴로 공주가 말했지.

"아버님, 잘못했습니다. 실은 제가 술을 옮겨 담도록 했습니다."

공주는 그날 못생긴 신하를 따로 불러 크게 화를 냈어.

"일부러 나를 골탕 먹이려고 그런 건가요? 어떻게 당신처럼 지혜로운 사람이 제가 그런 어리석은 짓을 하게 만든 겁니까?"

못생긴 신하는 아무렇지도 않다는 듯이 대답했어.

"저는 공주님을 골탕 먹이려고 한 게 아닙니다. 아무리 귀하고 좋은 것이라 해도 못생기고 보잘것없는 그릇에 담을 때 그 진가를 발휘하는 것도 있다는 것을 공주님께 알려 드리고 싶었을 뿐이랍니다."

못생긴 신하의 말에 공주는 부끄러워서 고개를 들지 못했단다.

> 뭐든 겉모습만 보고 판단을 해서는 안 돼.
> 겉모습이 아닌 내면의 아름다움을 보도록 하렴.

가장 못생긴 동물은 누구일까?

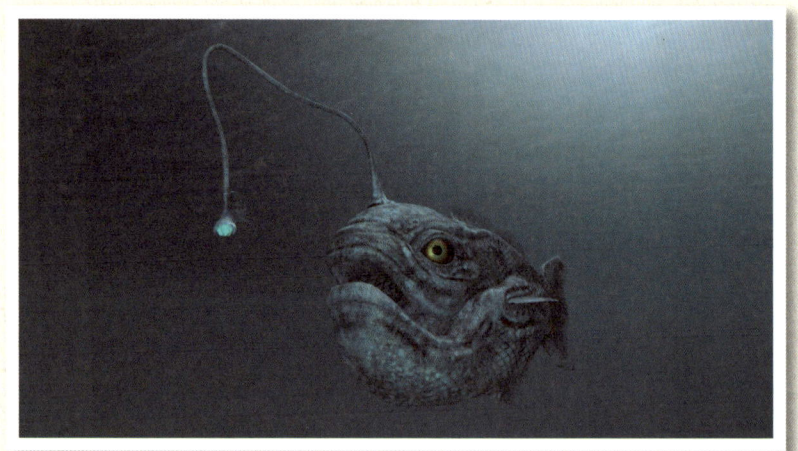

▶ 깊은 바닷속에 사는 앵글러피시는 머리에 낚싯대 같은 막대가 있어.

사람도 그렇듯, 동물도 못생겼다고 무시하면 안 되는 거 아닌가요?

　공주가 무시한 신하의 못생긴 외모처럼, 사람들 사이에서 못생긴 외모로 통하는 동물들이 있어.

　그중 블로브피시는 많은 사람들이 못생긴 동물로 꼽고 있지. 블로브피시는 주로 오스트레일리아, 뉴질랜드 섬의 해안에서 발견되는데, 600미터에서 1200미터의 아주 깊은 물속에서 살고 있어. 블로브피시의 몸은 젤리 덩어리처럼 물컹거려서 아주 깊은 바닷속에서도 쉽게 떠다닐 수 있는데, 만약에 바다 위로 나오게 되면 물의 압력이 줄면서 몸이 흐물흐물한 모습이 되어 버리지. 워낙 바다 깊은 곳에 살고 있어서 사람이 관찰하거나 연구하기가 어렵기 때문에 정확하지는 않지만, 바닷속에서는 못생긴 생김새가 아닐지도 몰라. 블로브피시는 물의 압력이 센 깊은 물에서 에너지를 크게 쓰지 않도록 헤엄치기 때문에 지느러미 근육이 퇴화되어서 물 위를 둥둥 떠다니는 식으로 헤엄을 친다고

▲ 바다돼지의 몸은 분홍색으로 통통해.

해. 깊은 바다에 사는 바다돼지도 독특한 외모를 자랑해. 바다돼지는 무려 3000미터 깊이의 바다에서 사는데, 살구 빛의 동글동글한 몸에 다리가 12개나 있고, 머리에는 마치 곤충의 더듬이 같은 돌기가 나 있어. 이 동물은 우리가 흔히 아는 해삼의 일종인데, 깊은 바닷속 진흙 속의 미생물을 먹어서 진흙을 깨끗하게 만들어 주어, 다른 생물들이 살기 좋은 환경을 만들어 준다고 해. 깊은 바다에 사는 앵글러피시는 머리 부분에 마치 낚싯대 모양 같은 막대가 있어서 '낚시꾼물고기'로도 불리지. 머리 모양의 막대에 빛을 내 작은 먹잇감들을 유인해서 바늘처럼 긴 이빨로 먹이를 잡아먹고 산단다.

못생긴 동물을 보호하는 '못생긴동물보호협회'

외모만으로 사람을 평가하면 안 된다는 이야기 속의 교훈처럼 동물 또한 외모만으로 평가해서는 안 돼. 멸종 위기에 처하거나 희귀종으로 보호받는 동물들이 있는데, 단지 못생겼다는 이유로 사람들의 관심 밖에 있어 차별을 받는다면 안 되겠지? 그래서 이런 동물들을 보호하고자 영국의 한 생물학자는 '못생긴동물보호협회'를 만들었어. 그래서 많은 사람들에게 공연이나 모금, 교육 등을 통해 못생긴 동물들의 존재를 알리며 이 동물들도 사랑하고 보호해 주기를 바라는 활동을 펼치고 있단다.

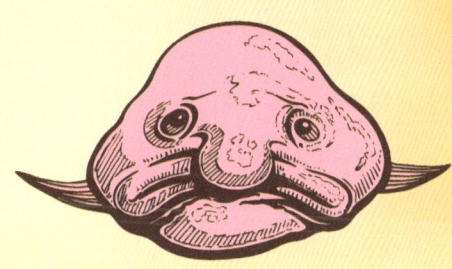
▲ 못생긴동물보호협회에서 1위로 뽑힌 블로브피시의 모습이야.

네, 그 못생긴 동물들도 생태계를 유지하는 아주 중요한 역할을 하고 있으니, 진정 못생긴 동물이라고 할 수는 없지요.

준비하는 삶

한 나라에 왕이 백성들을 위한 잔치를 열겠다고 했어. 왕은 백성들을 왕궁으로 초대하겠다고 온 나라에 알렸지.

이 소식을 들은 시골 마을의 한 사람이 말했어.

"왕께서 특별히 우리 백성들을 위한 잔치를 여신다고 하니 꼭 참석해야지. 언제라도 바로 왕궁으로 달려갈 수 있게 미리 준비하자고!"

"굳이 지금 바로 갈 필요가 있나? 왕궁에서 잔치를 열려면 시간이 꽤 걸릴 텐데. 천천히 준비해도 될 거야."

한 사람은 잔치를 즐길 준비를 하고 왕궁 앞으로 미리 가서 기다렸고, 다른 사람은 아무 준비도 하지 않았지.

왕이 잔치를 열겠다고 한 지 얼마 되지 않아, 왕궁에서 성대한 잔치가 열렸어. 왕궁 앞에서 기다리던 사람은 바로 왕궁으로 들어가 잔치를 즐길 수 있었어. 하지만 아무 준비도 하지 않았던 사람이 왕궁으로 가기엔 이미 늦은 뒤였지.

"아, 이럴 줄 알았으면 나도 미리 가서 기다리는 건데……."

잔치에 가지 못한 사람은 뒤늦게 후회해 봤자 아무 소용이 없었단다.

 세상 일은 언제 어떻게 일어날지 몰라.
앞으로 일어나게 될 일을 알 수는 없지만,
미리 준비하는 삶을 산다면
생각지 못한 위기를 잘 넘길 수도 있단다.

하니 박사의 생태 이야기

추운 겨울을 잘 대비하는 동물은?

이야기에서 왕궁의 만찬을 즐기기 위해 미리부터 준비했던 사람처럼, 먹을 것이 턱없이 부족한 추운 겨울을 대비해 미리 준비하는 동물들이 있어. 박새나 여우는 자기 먹이를 나무나 땅속에 숨겨 두었다가 먹이가 부족한 겨울철에 숨겨 둔 먹이를 찾아서 먹어. 때로는 숨긴 곳을 잊어버리거나 다른 동물들이 먹어 버릴 수도 있지만, 미리미리 대비하는 행동만큼은 지혜롭지?

햄스터나 다람쥐, 고슴도치도 먹이를 미리 저장해 두는데, 추운 겨울 땅속에서 겨울잠을 자다가 중간중간에 깨면서 숨겨 둔 먹이를 먹고는 다시 겨울잠을 잔단다. 특히 고슴도치는 겨울잠을 자는 사이에 털갈이를 하기도 해. 겨울에는 동물들의 먹을 것이 부족하기 때문에 겨울잠을 자는 거야. 그럼 겨울잠을 안 자는 동물은 어떻게 겨울을 대비할까?

노루, 청설모, 쇠족제비, 눈토끼 등은 여름털이 빠지고 겨울털로 털갈이를 하면서 따뜻한 옷으로 갈아입지. 동물들의 겨울털은 여름털보다 훨씬 길고 따뜻하거든. 또 어떤 동물들은 추운 겨울이 되면 아예 사는 곳을 옮기기도 해. 백로, 뻐꾸기, 제비와 같은 여름 철새들은 추운 겨울이 되면 따뜻한 남쪽 나라로 떠나 있다가 따뜻한 봄이 되면 다시 돌아오는 동물들이야.

> 동물마다 겨울을 대비하는 방법도 제각각이군요.

▲ 겨울잠을 자고 있는 다람쥐(왼쪽)와 고슴도치(오른쪽)의 모습이야.

◀ 겨울의 노루와 여름의 노루야.

겨울잠도 자지 않고, 먹이를 미리 준비해 두지 않아 자연에서 먹을 것을 찾지 못한 멧돼지 같은 동물들은 사람들이 사는 곳까지 먹이를 찾으러 내려오는 경우도 종종 있단다.

땅속의 알로, 번데기로 겨울을 나는 곤충들도 있지요.

겨울잠에서 깨지 않는 동물

다람쥐, 햄스터, 고슴도치는 겨울잠을 자다가도 중간에 깨어나 먹이를 먹거나 털갈이를 해. 동굴에서 겨울잠을 자는 박쥐는 겨울잠을 자는 사이에 호흡이나 맥박 수가 느려지면서 에너지를 많이 쓰지 않는 대신에 체온이 내려갈 때가 있어. 그럴 땐 중간에 깨어 몸을 움직여서 체온을 다시 높이기도 하지. 그런데 마치 죽은 것처럼 꼼짝하지 않은 채 겨울잠에서 깨지 않고 자는 동물도 있어. 거북이나 뱀, 개구리 같은 양서동물이나 파충동물은 몸이 딱 굳은 상태로 움직이지도 않고 그대로 잠을 잔단다.

◀ 땅속에서 겨울잠을 자는 개구리와 뱀의 모습이야.

다시 읽는 탈무드 36

여우와 포도밭

며칠 동안 쫄쫄 굶은 배고픈 여우가 먹이를 찾고 있었어.
"아…… 힘없어. 뭐라도 좀 먹었으면 좋겠다."
여우는 사람들이 사는 마을까지 내려와 먹을 것을 찾다가, 포도가 주렁주렁 열려 있는 포도밭을 발견했어. 하지만 포도밭에는 울타리가 너무 촘촘하게 쳐 있어서 쉽게 들어갈 수 없었지.
"울타리 틈이 너무 좁아서 도저히 들어갈 수가 없겠어. 그래, 아예 며칠 더 굶어서 몸을 홀쭉하게 만들자!"

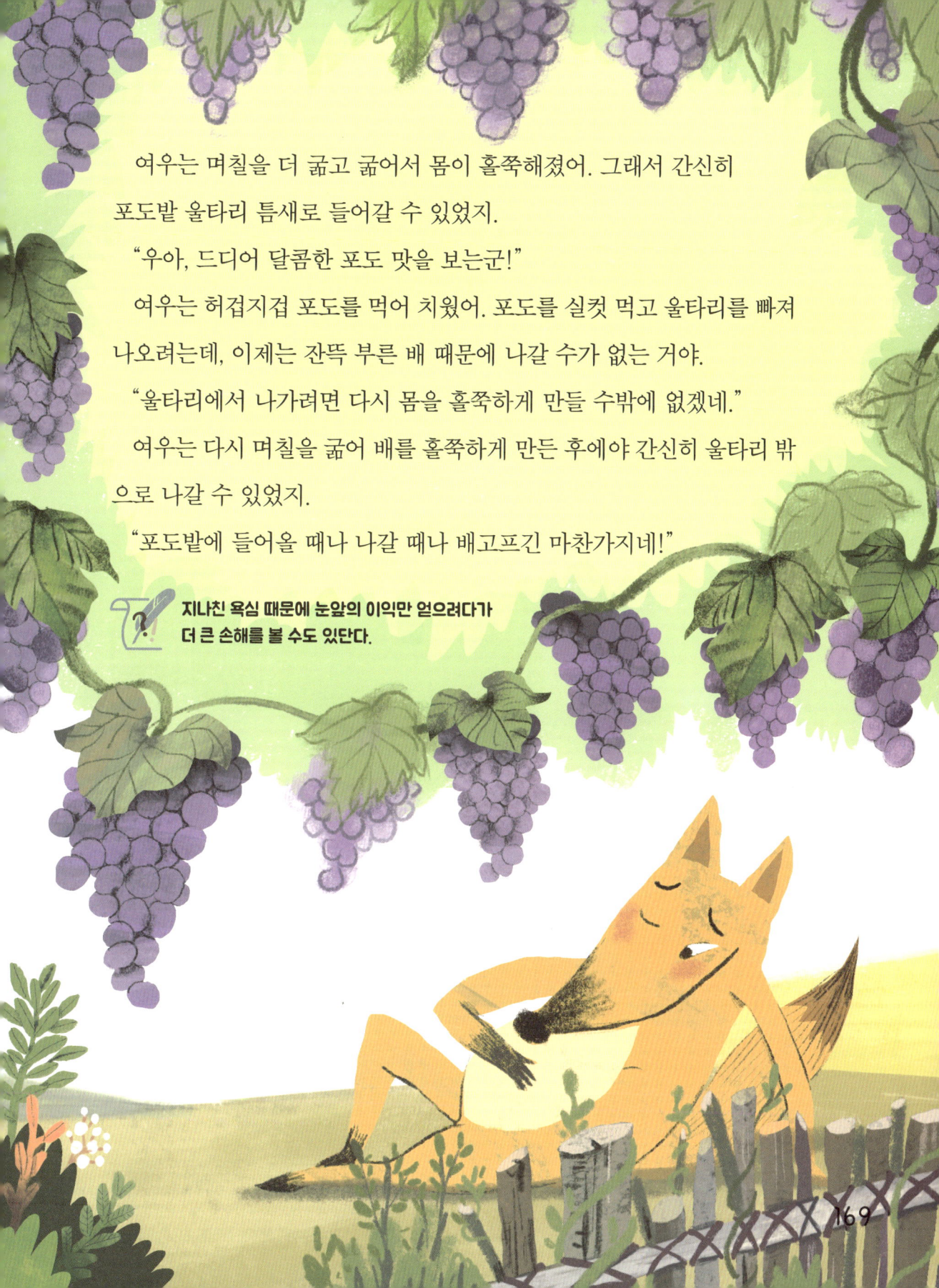

여우는 며칠을 더 굶고 굶어서 몸이 홀쭉해졌어. 그래서 간신히 포도밭 울타리 틈새로 들어갈 수 있었지.

"우아, 드디어 달콤한 포도 맛을 보는군!"

여우는 허겁지겁 포도를 먹어 치웠어. 포도를 실컷 먹고 울타리를 빠져나오려는데, 이제는 잔뜩 부른 배 때문에 나갈 수가 없는 거야.

"울타리에서 나가려면 다시 몸을 홀쭉하게 만들 수밖에 없겠네."

여우는 다시 며칠을 굶어 배를 홀쭉하게 만든 후에야 간신히 울타리 밖으로 나갈 수 있었지.

"포도밭에 들어올 때나 나갈 때나 배고프긴 마찬가지네!"

지나친 욕심 때문에 눈앞의 이익만 얻으려다가 더 큰 손해를 볼 수도 있단다.

하니 박사의 생태 이야기
여우가 무덤가를 맴도는 이유는?

앞에서도 여우에 대해서는 많이 살펴봤지? 여우는 개와 비슷하게 생긴 포유동물로 주로 쥐, 토끼 등의 고기를 먹고 사는 육식 동물이라고 했어. 하지만 먹이가 없을 때는 이야기에서처럼 산열매나 포도 같은 것을 먹기도 하지.

여우는 굴속에 보금자리를 마련하고 사는데, 종종 토끼나 오소리 같은 다른 동물의 굴을 빼앗아 차지하고 살아. 족제비과에 속하는 오소리는 굴도 빨리 파는 데다, 여우만큼이나 힘도 세고 사나운 동물이야. 여우와 싸워도 지지 않을 정도로 말이야. 그런데 여우가 어떻게 오소리 굴을 차지하냐고? 여우는 오소리가 굴을 비웠을 때 오소리 굴속으로 몰래 들어가서 오줌이나 똥을 여기저기 싸 놓지. 그리고는 도망쳐 버려. 그러면 오소리는 더러워진 자기 굴속의 지독한 냄새를 견디지 못하고, 결국 보금자리를 버리고 마는 거야. 그렇게 오소리가 떠나고 나면 여우가 이 굴을 차지하는 거란다.

옛날 우리나라 곳곳에서 볼 수 있었던 여우는 사실 포도 같은 과일 밭보다는 무덤가에서 많이 볼 수 있었다고 해. 그래서 여우가 사람으로 둔갑한 귀신으

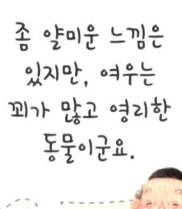

좀 얄미운 느낌은 있지만, 여우는 꾀가 많고 영리한 동물이군요.

▶ 양지바른 무덤가에 있는 여우의 모습이야.

▲ 오소리 굴 앞에 있는 오소리야.

로 등장하는 옛이야기도 많지. 하지만 여우가 무덤가를 맴도는 이유는 따로 있어. 보통 무덤은 산속에서 햇빛이 잘 드는 양지바른 곳에 자리하는데, 산속 동물인 토끼나 고라니 같은 동물들이 이 양지바른 곳에 난 풀들을 뜯으러 자주 오지. 여우는 이 동물들을 사냥하기 위해 무덤가를 맴도는 거야. 또 무덤가는 여우가 굴을 파기 좋은 장소이기도 하단다.

하지만 이젠 낮에 여우를 발견할 수 없을 지경이 되어 국가 차원에서의 보호책이 필요하답니다.

여우만의 특별한 사냥법

꾀를 써서 남의 굴을 빼앗아 사는 영악한 여우라면, 먹이를 사냥하는 데에도 뭔가 특별한 꾀를 쓰지는 않을까? 사실 여우는 사냥 실력이 아주 뛰어나. 여우는 주로 쥐, 토끼, 지렁이, 두더지, 개구리, 도마뱀, 곤충과 같은 작은 동물들을 사냥하는데, 먼 곳의 소리나 냄새도 아주 잘 알아챌 뿐만 아니라, 땅 아래에 있는 먹잇감도 금방 알아채지.
여우는 공중으로 폴짝 뛰어올라 수직으로 이 먹이들을 순식간에 덮치는 방법으로 사냥한단다.

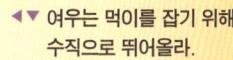
◀▼ 여우는 먹이를 잡기 위해 수직으로 뛰어올라.

머리가 되고 싶은 꼬리

뱀의 꼬리는 머리에 항상 불만이 많았어. 뱀 꼬리는 어딜 가든 머리가 가는 대로 따라가야 하는 게 싫었지.

"난 왜 네가 가는 대로 따라가야만 하지? 이건 너무 불공평해. 더 이상 너한테 끌려다니고 싶지 않다고!"

꼬리의 말에 머리가 조곤조곤 말했어.

"꼬리 너는 눈도 없고, 귀나 입도 없잖아. 더구나 생각할 수 있는 머리도 없어. 그런데 어떻게 네가 앞장서서 다닐 수 있겠니? 우리 모두를 위해서는 내가 앞장서서 다녀야 해."

"우리를 위해서라고? 너만 좋자는 거겠지!"

계속되는 꼬리의 불만에 머리가 할 수 없다는 듯 말했지.

"좋아, 그럼 이제부터는 꼬리 네가 앞장서서 다녀 봐."

꼬리는 신이 나서 머리를 끌고 앞장서기 시작했어. 그런데 얼마 가지 못해서 앞을 못 본 채 웅덩이에 빠지고 말았어. 간신히 웅덩이에서 빠져나왔지만 또 얼마 가지 못해서 그만 가시덤불 속으로 들어갔지.

"으악, 따가워! 꼬리야, 이제 그만 내가 앞장설게."

"이건 실수야. 내가 너보다 잘 갈 수 있어!"

가시덤불에서 간신히 빠져나와 뱀의 몸이 상처투성이가 됐는데도, 꼬리는 고집을 부리며 앞장서서 기어갔지. 그러다 그만 불구덩이 속으로 들어가고 말았어. 그제야 꼬리는 후회했단다.

"내가 어리석었어. 머리의 말을 듣는 건데……."

 다른 사람의 충고에 귀 기울이지 않고 혼자만의 고집으로 행동했다가는 잘못된 판단을 하기가 쉬워.

하늬 박사의 생태 이야기

뱀은 왜 앞으로만 기어갈까?

지렁이의 환대는 어떤 역할을 하나요?

이야기 속에서는 뱀의 머리에 불만이 많은 꼬리가 앞장서서 기어갔다고 하지만, 실제로는 일어날 수 없는 일이야. 뱀은 배에 나 있는 비늘의 방향이 앞으로 되어 있어서 앞으로만 기어갈 수 있거든. 그래서 뒤로는 갈 수 없지. 앞으로만 기어가는 뱀도 조금씩 다른 방법으로 움직이기는 한단다.

대부분의 뱀은 몸을 좌우로 움직여서 마치 물결치듯이 구불구불 움직이기 때문에 물 위에서도 헤엄을 칠 수 있어. 비단뱀이나 살모사처럼 몸통이 굵은 뱀들은 반듯하게 몸을 뻗어 일자로 움직이는데, 아주 느리고 조용히 움직이는 방식이라서 주로 먹이를 사냥할 때 이렇게 움직여.

사막에 사는 일부의 뱀들은 독특한 방식으로 기어가는데, 몸을 S자로 구부려서 옆으로 몸을 밀어내는 방식으로 기어가. 마치 용수철이 옆으로 미끄러지는 것처럼 기어가는 방식이지.

비가 오는 날이면 땅 위에서 쉽게 볼 수 있는 지렁이도 뱀처럼 앞으로만 기어가지, 뒤로는 기어갈 수 없어. 지렁이는 작아서 어디가 머리이고 어디가 꼬리인지 구분이 잘 안 되기도 하지. 어른 지렁이가 되면 둥그스름한 고리 띠 모양인 환대가 생기는데, 어린 지렁이의 경우는 이 환대가 없기 때문에 머리와 꼬리의 구분이 더 어려워.

▲ 물결치듯 움직이는 뱀은 물 위에서도 헤엄을 잘 쳐.

▲ 구불구불 몸을 움직이는 뱀의 모습이.

▲ 지렁이는 환대로 머리와 꼬리를 구분할 수 있어.
◀ 몸을 반듯하게 일자로 뻗어 움직이는 비단구렁이야.

환대가 가까운 쪽 끝이 지렁이의 입이 있는 머리이고, 반대쪽이 항문이 있는 꼬리야. 지렁이의 몸은 여러 개의 마디로 되어 있는데 이 마디마다 까끌까끌한 털이 뒤쪽으로 나 있기 때문에 땅바닥에 몸을 지탱하기가 쉽고 미끄러지지 않도록 해 주어 앞으로 잘 갈 수 있단다.

지렁이 환대는 나중에 알을 모아 넣는 고치를 만드는 역할을 해요. 그래서 어른 지렁이가 되면서 생기죠.

머리와 꼬리가 또 생기는 플라나리아

뱀이나 지렁이처럼 몸이 일자로 길쭉한 플라나리아는 얼핏 보면 거머리 같기도 한데, 민물에 사는 편형동물이야. 편형동물은 세로로 길쭉하고 몸이 편평해. 그리고 몸의 앞과 뒤, 등과 배의 겉, 왼쪽과 오른쪽이 좌우 대칭을 이루고 있지. 플라나리아는 하천 바닥이나 물풀과 돌 위 등을 기어다니는데, 더듬이와 눈이 있는 삼각형 모양 쪽이 머리야. 한 가지 신기한 것은, 플라나리아는 몸이 아무리 나뉘어도 그 나뉜 몸의 일부가 머리와 꼬리가 있는 완벽한 몸으로 새롭게 다시 자란다는 거야. 그래서 연구자들은 재생 실험 등에 플라나리아를 이용하기도 해. 플라나리아는 유기물이 풍부한 깨끗한 물에서 사는데, 요즘은 보기가 많이 힘들어졌단다.

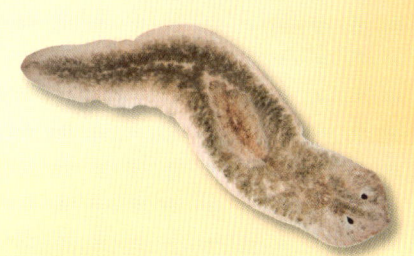

▲ 플라나리아를 확대한 모습이야.

아름다운 섬

　많은 사람을 싣고 가던 배 한 척이 바다 한가운데서 거센 폭풍우를 만났어. 배는 그만 길을 잃고 이리저리 떠다녔지. 그렇게 며칠을 떠다니던 배는 한 섬에 닿았어. 섬에는 알록달록한 꽃과 맛있는 열매가 주렁주렁 달린 나무가 무성하고, 예쁜 목소리로 노래하는 아름다운 새들이 가득했지.
　"섬에 잠깐 내려서 쉬다 와도 좋아요. 하지만 배가 언제 떠날지 모르니 잘 살피셔야 합니다."

섬에 닿자, 선장의 말에도 배에 탔던 사람들은 제각각 행동했어.

"얼른 섬으로 가서 달콤한 열매도 맛보고 좀 쉬다 옵시다."

"섬에서 쉬는 것도 좋지만, 배가 언제 다시 출발할지 모르니 그냥 배에 있자고요."

어떤 사람들은 섬에 내려 아주 잠깐만 쉬다가 곧바로 배에 돌아왔고, 어떤 사람들은 배에서 아예 내리지 않고 있었지.

"나무 그늘도 시원하고 아주 아름다운 섬이군. 그런데 갑자기 배가 떠나면 어쩌지?"

또 어떤 사람들은 섬에 내려 한참을 쉬다가 배가 떠날지도 모른다는 생각에 허겁지겁 배로 돌아왔어.

"후유, 아직 배가 안 떠나서 다행이야. 더 늑장 부렸으면 배가 떠났을지도 몰라."

그리고 또 어떤 사람들은 배가 자기들을 두고 떠나지는 않을 거란 생각에 섬에 내려 맘껏 쉬며 여유를 부렸지.

그러다 어느 순간 배는 섬에서 멀어지기 시작했어. 여유를 부리던 사람들은 섬에서 배가 떠나는 것을 보고는 황급히 바다로 뛰어들어 헤엄쳐 간신히 배에 올라탔단다.

"어? 저기 배가 떠나고 있어요. 섬에서 점점 멀어지고 있다고요. 얼른 갑시다!"

"하마터면 배를 못 탈 뻔했네!"

다시 목적지를 향해 떠나기 시작한 배는 이제 섬에서도 보이지 않을 만큼 멀리 가 버렸어. 하지만 섬에서 맛있는 열매를 잔뜩 먹고 잠자며 늑장을 부리던 또 다른 사람들은 배가 떠나는 것도 모르고 있었지.

"응? 언제 배가 떠난 거지?"

배를 떠나 보내고 섬에 남은 사람들은 얼마 가지 않아 사나운 짐승들에게 잡아먹히거나 병에 걸려 목숨을 잃고 말았단다.

 편안함과 달콤함의 유혹에만 빠지다 보면 정작 더 중요한 것들을 놓칠 수도 있단다.

하니 박사의 생태 이야기
섬에 사는 동식물은 누가 있을까?

▲ 울릉도에 사는 괭이갈매기야.

섬은 커다란 강이나 바다 등의 물로 둘러싸여 있는 땅을 말해. 섬이 생기는 원인, 그 크기나 모양도 다 다르긴 하지만, 대부분의 섬은 기온의 변화가 적고 물로 둘러싸여 있어서 날이 흐리거나 비가 오는 날이 많아. 사람이 살고 있는 섬도 있지만, 사람이 살지 않는 섬도 있어. 아마 이야기 속에서 나온 섬은 사람이 살지 않는 섬일 거야. 우리나라에도 많은 섬이 있어. 그 중 가장 큰 섬은 제주도이고, 거제도, 울릉도, 안면도, 남해도, 백령도, 강화도, 진도, 완도 등의 섬이 있지. 제주도와 울릉도는 화산이 분출해서 생긴 화산섬이야. 특히 동해의 외딴섬인 울릉도는 바다가 잔잔하고 흐리지 않은 날에 배를 타야만 갈 수 있는 곳이지. 이런 섬들은 오랫동안 육지와 떨어져 있었기 때문에 독특한 자연 생태계를 이루고 있어. 그럼 울릉도에는 어떤 동식물이 살고 있을까?

울릉도에 사는 식물들은 어떤 특징이 있나요?

울릉도에는 새와 쥐 종류의 척추동물만 살고 있어. 특히 괭이갈매기와 흑비둘기 등 100종이 넘는 새들이 살고 있는데, 특이한 점은 울릉도에 뱀이 살지 않는다는 거야. 울릉도 곳곳에는 향나무가 많이 있는데, 향나무뿐 아니라 동백나무, 후백나무 등 650여 종의 다양한 식물이 자라고 있지. 이 식물들은 아주 오래전 바닷바람이나 새의 깃털에 묻어 온 씨앗들이 울릉도에 적응하고 자라나면서 울릉도에서만 자라는 특산 식물이 되었어. 섬나무딸기, 섬댕강나무, 섬초롱꽃, 섬잣나무, 섬남성, 섬백리향, 섬쑥부쟁이, 우산고로쇠, 왕호장근, 솔송나무, 섬단풍나

◀ 섬개야광나무(왼쪽), 섬초롱꽃(가운데), 울릉산마늘(오른쪽)은 울릉도 특산 식물이야.

무, 울릉국화 등 울릉도에서만 자라는 40여 종의 특산 식물이 있어. 이름들에서 알 수 있듯이 '섬', '울릉', '우산' 등의 이름이 붙은 식물은 대부분 울릉도 특산 식물이란다.

울릉도의 몇몇 특산 식물은 내륙에 비해 잎과 꽃이 크지요.

오스트레일리아의 섬에 사는 행복한 동물

오스트레일리아의 한 작은 섬에 사는 독특한 동물이 있어. 바로 '쿼카'라는 동물이야. 캥거루과에 속하는 동물인데, 몸 크기가 작고 마치 웃는 것 같은 귀여운 표정을 짓고 있어서 세상에서 가장 행복한 동물이라고들 말하기도 해. 쿼카는 캥거루들처럼 풀을 먹고 주로 밤에 활동하는데, 오스트레일리아의 로트네스트 섬에서만 살기 때문에 다른 곳에서는 볼 수 없는 동물이야. 이 섬은 자동차 운행도 금지되어 있는 깨끗한 섬인 데다가, 풀과 나무가 많고 뱀 말고는 쿼카를 위협할 육식 동물이 없어서 쿼카가 살기에 아주 좋은 환경이란다.

▶ 마치 웃는 것 같은 얼굴의 쿼카야.

울퉁불퉁한 길

한 남자가 길을 걷고 있었어. 그 길은 돌이 많고 울퉁불퉁해서 발바닥도 아프고 걷기가 불편했지. 그런데 한참 길을 걷던 남자의 눈에 놀라운 모습이 펼쳐졌어.

한 할머니와 그 아들로 보이는 젊은이가 함께 길을 걷고 있는데, 할머니가 한 걸음씩 걸을 때마다 젊은이는 할머니의 발 아래를 손으로 받쳐 주고 있는 거야.

남자가 젊은이에게 물었어.

"손이 상처투성이입니다. 아프지 않나요?"

젊은이는 아무렇지도 않다는 표정으로 웃으며 말했지.

"늙으신 어머니가 이렇게 힘든 길을 걸으시는 것보다는 낫지요. 어머니가 편히 걸으실 수 있다면 손에 상처가 생기는 것쯤이야 아무렇지도 않습니다. 어머니나 아버지는 저를 세상에 있게 해 주신 소중한 존재니까요."

젊은이의 대답에 남자는 깊은 감동을 받아 한동안 말을 잇지 못했단다.

나의 존재를 세상에 있게 해 주신 부모님을 위해 무엇을 할 수 있을지 생각해 보렴.

하니 박사의 생태 이야기
효도하는 동물이 있을까?

▲ 새끼에게 먹이를 주는 물까치의 모습이야.

세상의 모든 부모는 자식을 아끼고 따뜻한 사랑으로 보살피며 키워. 사람뿐 아니라, 동물들 또한 모성애가 강해.

항상 새끼를 안고 다니며 혹시나 새끼가 죽더라도 계속 끌어안고 다니는 원숭이, 새끼에게 줄 먹이가 없으면 자신의 살을 먹이는 펠리컨, 새끼가 태어나면 머리 위 또는 입속에 넣고 다니는 악어, 새끼가 알에서 태어났을 때 적을 만나면 다리를 절거나 죽은 척을 해서 적의 시선을 빼앗아 새끼를 보호하는 꼬마물떼새 들은 모성애가 강한 것으로 알려져 있는 동물이야. 그렇다면, 부모에게 효도하는 동물은 없을까?

아프리카들개는 어떤 동물인가요?

특히 우리나라에서 효도하는 것으로 알려진 동물로는 물까치가 있어. 실제로 사람이 생각하는 효도와는 다른 것이겠지만, 물까치는 대가족을 이루어 사는데 새끼가 어미의 번식을 돕는단다. 그리고 우리나라의 옛 기록에 의하면 까마귀는 어렸을 때 어미가 먹여 살리지만, 어미가 늙어서 먹이 사냥을 못하게 되면 새끼가 사냥을 해서 어미를 먹인다는 이야기가 등장하기도 해. 까마귀도 종마다 습성이 다르긴 하지만, 이런 이야기가 있다는 게 재미있지? 효도까지는 아니더라도, 무리를 지어 사는 동물들은 가족 또는 함께 무리 지어 사는 동료와의 유대가 깊은 편이야. 아프리카에서 15~60여 마리가 무리 지어 사는 아프리

◀ 아프리카들개는 무리끼리의 유대가 강해.

'리카온'이라고도 불리는데, 몸에 얼룩덜룩한 무늬가 있고 다리가 길며 다른 개들과 달리 앞다리의 발가락이 4개씩이지요.

카들개는 함께 사냥하며 살아가는데, 힘이 약한 새끼나 늙고 병든 동료에게는 사냥한 먹이를 배 속에 저장해 두었다 소화가 덜 된 먹이를 토해서 먹인단다.

옛이야기 속에 많이 등장하는 까마귀

사실 까마귀가 효심이 많은 동물인지는 확실하지는 않아. 하지만 우리 옛이야기는 까마귀와 관련된 것들이 많아. 까마귀는 사람의 앞일을 미리 예언해 주거나, 신기한 능력이 있는 새로 나타나기도 해. 또 까마귀가 울면 누군가 죽을 징조라고 여겨서, 까마귀가 울면 재수가 없거나 안 좋은 일이 일어날 거라고 해서 까마귀를 불길한 새로 여기기도 했어. 까마귀는 무리 지어 살지만, 특별히 무리를 이끄는 대장은 없기 때문에 '까마귀 떼와 같은 군사들'을 뜻하는 '오합지졸'이라는 말도 있지. 우리나라 전역에 번식하는 텃새로 오랜 세월을 함께 지내 온 새인 만큼 사람과 떼려 해도 뗄 수 없는 새인 것은 분명하단다.

▲ 나뭇가지에 앉아 있는 까마귀야.

웃음을 주는 사람

다시 읽는 탈무드 40

한 지혜로운 스승이 제자를 데리고 시장으로 갔어. 그리고는 제자에게 물었지.

"이 시장 안에 영원한 생명을 얻을 만큼 소중한 일을 하는 이들이 있다. 그게 누구인지 알겠느냐?"

"그렇게 대단한 사람이 이 시장 안에 있다고요?"

제자는 시장 안을 두리번거리며 어리둥절한 표정으로 말했지.

"선생님, 저는 아무리 봐도 잘 모르겠습니다."

그러자 스승은 시장 한쪽 사람들 사이에서 재주를 부리고 있는 광대 둘을 가리키며 말했어.

"저 사람들은 영원한 생명을 얻을 만큼 아주 큰 선행을 베풀고 있다. 그렇기 때문에 대단한 사람들이다."

제자는 도저히 이유를 알 수 없다는 표정으로 물었어.

"어째서 저 광대들이 선행을 베푼다고 말하십니까? 저는 그 이유를 잘 모르겠습니다."

지혜로운 스승은 미소를 띠며 말했어.

"사람들은 저 광대들의 재주를 보며 웃지. 외롭고 쓸쓸한 사람에게 웃음을 주고, 서로 싸우던 사람들에게도 웃음과 평화를 주니 그만큼 큰 선행이 어디 있겠느냐?"

웃으면 복이 온다는 말도 있듯이, 웃음만큼 사람을 행복하게 하는 것도 없을 거야.

하늬 박사의 생태 이야기
동물들은 어떻게 감정 표현을 할까?

기쁨과 슬픔, 두려움과 괴로움, 행복 등의 감정은 사람만 느낄 수 있는 걸까? 사람처럼 말로 표현할 수는 없지만, 동물들도 제각각 여러 가지 감정을 느끼고 나름의 방법으로 감정을 표현해. 동물들은 대부분 귀나 꼬리 등 몸의 일부를 움직이거나 소리를 내는 방법으로 감정을 표현한단다.

우리가 좋은 사람을 만나면 반가움을 표현하듯이, 돌고래는 동료를 만나면 지느러미를 비비며 요란한 소리를 내고, 침팬지는 크게 소리를 지르며 서로 끌어안아. 코끼리는 큰 귀를 펄럭이며 서로의 주위를 빙빙 돌면서 크게 소리를 지르지.

한편 가족이나 동료를 잃었을 때 동물들도 우울함과 슬픔을 느끼고 표현해. 코끼리는 가족이나 동료가 죽으면 죽은 코끼리 주위를 빙 둘러서서 죽은 코끼리에게 나뭇가지와 흙을 덮어 무덤을 만들어 그들만의 장례식을 치르기도 해. 어미 침팬지는 죽은 새끼 침팬지를 안고 다니고, 새끼 침팬지도 어미가 죽으면 죽은 어미 침팬지 곁을 떠나지 않고 있다가 굶어 죽기도 해. 백조는 짝이 죽으면 따라서 죽기도 한단다.

큰 무리를 지으며 사는 개코원숭이는 경고하거나 위협할 때 개가 짖는 것처럼 시끄러운 소리를 내고, 꼬리나 몸짓으로 의사소통을

> 동물들이 귀를 젖히는 행동도 감정과 연관이 있나요?

▲ 동료를 만나 반가워하는 돌고래의 모습이야.

▲ 코끼리 무리의 장례식 모습이야.

▲ 개코원숭이는 소리를 지르며 감정을 표현하지.

하지. 개코원숭이가 동료 원숭이와 싸움이 나면 새끼 원숭이를 싸운 동료 원숭이에게 주기도 하는데, 이것은 화해의 표시라고 해.

> 사자나 호랑이 같은 육식 동물들은 싸움을 하려고 하거나 사나워질 때 귀를 뒤로 젖힌답니다.

꼬리로 감정을 표현하는 고양이

요즘 반려동물로 많은 집에서 함께 지내는 고양이의 꼬리를 보면 고양이의 감정을 알 수 있어. 고양이는 반가운 사람 앞에서는 꼬리를 일자로 세워. 반대로 엉덩이 꼬리는 살짝 올라가 있고 꼬리 끝은 내려가 있을 때는 경계를 하고 있다는 뜻이야. 하지만 꼬리가 자연스럽게 내려와 있을 때는 편안한 상태임을 뜻해. 만약에 아래로 내린 꼬리를 몸쪽에 붙이고 있다면 뭔가 불안하다는 표시야. 무언가에 깜짝 놀랐을 때는 순간적으로 꼬리를 부풀리기도 하지. 앉아서 꼬리로 바닥을 치거나 세게 흔드는 것은 기분이 좋지 않거나 뭔가 감정이 격해 있을 때야. 꼬리만 봐도 감정을 알 수 있다니 신기하지?

▼ 고양이의 꼬리 모양을 보고 감정을 알 수 있어.

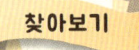 찾아보기

가시고기 • 79
개 • 64
개구리 • 110, 167
개망초 • 157
개미 • 38, 39
개미핥기 • 110
거머리 • 152, 153
검독수리 • 88
고구마 • 95
고래 • 125
고슴도치 • 166
고양이 • 42, 43, 189
고함원숭이 • 43
괭이갈매기 • 180
기린 • 110
까마귀 • 184, 185
나귀 • 64, 65
나무늘보 • 136
넓적부리황새 • 52
노래기 • 137

노루 • 167
노새 • 15, 64, 65
눈덧신토끼 • 149
다람쥐 • 102, 103, 166
닭 • 68, 69
당나귀 • 14, 15
대추야자 • 72, 73
독사 • 24, 25
독수리 • 52, 88, 89, 136
돌고래 • 42, 188
돌무화과 • 73
동굴성 곱등이 • 61
들풀 • 157
등줄굴노래기 • 61
말 • 14, 15
망둑어 • 144, 145
멧돼지 • 43, 167
모기 • 120, 121
목수개미 • 39
무덤새 • 107

물까치 • 184
밑들이 • 78, 79
바다돼지 • 163
박쥐 • 61, 144, 167
뱀 • 132, 133, 167, 174
벌새 • 53
북극여우 • 149
붉은머리오목눈이 • 106, 107
붉은여우 • 148
블로브피시 • 162, 163
빨간집모기 • 121
뻐꾸기 • 106
뿔개구리 • 125
사과 • 34, 35
사과나무 • 34
산양 • 42, 128, 129
산천어 • 30
살모사 • 24, 25
새 • 20
서양민들레 • 157

섬개야광나무 • 181
섬초롱꽃 • 181
세쿼이아 • 115
소 • 48, 49
소똥구리 • 136, 137
송어 • 30, 31
송장벌레 • 89
쇠족제비 • 85
수박 • 35, 95
아프리카들개 • 185
악어 • 124, 125, 184
알비지아 • 57
암매 • 115
앵글러피시 • 162, 163
앵무새 • 21, 111
양 • 48, 49, 128, 129
양배추 • 95
어치 • 103
얼룩날개모기 • 121
여우 • 148, 149, 170, 171

연어 • 30, 31
염소 • 48, 49
오소리 • 170, 171
울릉산마늘 • 181
은여우 • 148
은행나무 • 114
이집트숲모기 • 121
잎꾼개미 • 39
잡초 • 156, 157
장님굴새우 • 60, 61, 144
장님송장벌레 • 60
장님좀딱정벌레 • 60, 61
족제비 • 84, 102
지렁이 • 174, 175
참외 • 95
춤파리 • 79
침팬지 • 188
캐럽 나무 • 56, 57
코끼리 • 99, 188
코브라 • 25

쿼카 • 181
큰부리까마귀 • 89
큰뿔산양 • 129
타조 • 52, 53
토마토 • 94, 95
파리 • 136
펠리컨 • 124, 184
펭귄 • 111
포도 • 35
플라나리아 • 175
하마 • 124
하이에나 • 89, 98, 99
향나무 • 180
호랑이 • 42
흑비둘기 • 180